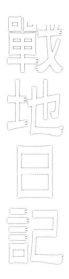

戰地日記

東史郎　著

商務印書館

本書正文選自《東史郎日記》（ISBN:7534334810），由江蘇教育出版社授權出版。
而目錄、正文中標題、延伸思考及小專題的版權為商務印書館(香港)有限公司所有。

戰地日記

作　　者：東史郎
責任編輯：謝江艷　楊克惠　葉常青
出　　版：商務印書館（香港）有限公司
　　　　　香港筲箕灣耀興道3號東滙廣場8樓
　　　　　http://www.commercialpress.com.hk
發　　行：香港聯合書刊物流有限公司
　　　　　香港新界大埔汀麗路36號中華商務印刷大廈3字樓
印　　刷：中華商務彩色印刷有限公司
　　　　　香港新界大埔汀麗路36號中華商務印刷大廈
版　　次：2013年1月第4次印刷
　　　　　© 商務印書館（香港）有限公司
　　　　　ISBN 978 962 07 1792 5
　　　　　Printed in Hong Kong

目　錄

一、日本出發

昭和十二年（1937 年）七月七日北京盧溝橋事件爆發。它成了日支事變（日本對中國抗日戰爭的稱呼）的開端。

八月二十六日早晨七點，收到徵召令。

我的生母笑着和我告別

八月三十一日

我若無其事地出發了。父親尚在病中。我一面祈禱年老的父親能健康地活下去，一面與父親告別。九月一日，母親和重一來與我告別，我們在旅館樓上相見。母親很冷靜，重一也很冷靜。接着，母親說："這是一次千金難買的出征。你高高興興地去吧！如果不幸被支那兵抓住的話，你就剖腹自殺！因為我有三個兒子，死你一個沒關係。"

接着，她送給我一把刻有文字的匕首。母親的話讓我多麼高興。我覺得母親特別偉大。沒有比這時更知道母親的偉大了。於是，我在心中堅定地發誓——我要欣然赴死！

我的養母卻是哭着和我分手。她希望我活着回來，她求我要活着回來。

我的生母笑着和我告別，談話冷靜，並激勵我毅然赴死。

養母住在農村，生母住在都市。我覺得兩個女人的感情多少有些不同。

都市人見多識廣，農村人孤陋寡聞。不僅如此，恐怕還有其他的原因吧。

對這兩位母親該如何評價？

在去檢查站的路上，我和母親説着話，我懇求母親：如果我死了，請把重一過繼給川助家（指東史郎養母家）。母親愉快地答應了。我得到母親高興而爽快的承諾，感到心中像一片晴空，毫無留戀與遺憾了。

九月五日

終於到了九月五日。我一向堅信：最忠勇的士兵，不是上等兵，不是一等兵，也不是二等兵，只是指作為帝國的軍人在赴死之時毫不猶豫地勇敢戰死的士兵。因而我希望自己成為這種忠誠勇敢的士兵。這種水泡似的人生有多麼大的喜悅啊！這種喜悅裡又有多少過分的內容！傍晚七點，我們從營地出發了。

隊伍為了與充滿愛國熱忱的民眾相呼應，特地繞一程遠路走向車站。群眾擁擠着，在一片歡呼聲中送我們出征。在群眾中發現了熟人的士兵——與眾人惜別。我一面沉浸在沉重的對國家的赤膽忠心中，一面咬緊牙關朝前行進。

▲ 東史郎出征前與母親合影

二、京津戰役

九月十二日

船到達了大沽海面。

二十多艘軍用船停泊在那裡，只有我們一艘軍艦。海水泛出混濁的黃色，正如黃海。

大陸！大陸！憧憬已久的大陸！

這下終於到達了支那（日本人對中國的蔑呼）。大陸！大陸！憧憬已久的大陸！但大陸在地平線上就像好多好多船隻浮在水面上一樣，在遙遠的海岸那邊低低地伸展。

麻雀般大小的小鳥飛來飛去，也不怕人，幾乎要歇在我們的肩上、手上。

這一片茫茫的海上風景，與我們的心境不相協調。由於經度的關係，從今晨開始，這裡的時間比我國遲一小時。九月十三日凌晨三點起，我們被叫醒開始做登陸的準備工作。風雨很大，估計登陸困難。"善洋丸"（東史郎乘坐的軍艦）的位置在離海岸兩里多的地方。激浪之中，輜重兵和馬匹一道上了聯絡船，但途中繩索被風颳斷，離開了拖船，開始逐浪漂流。其中有些士兵不習水性，被馬匹咕哧咕哧地咬傷，但他們繼續拼命進行作業。我拖着因感冒而疲倦的身體，勉強地進行着登陸的準備工作，但由於聯絡船很少，難於進行作業，只能延遲登陸。

九月十四日

終於下命令說今天登陸，凌晨兩點起床。各部之間缺乏協調，缺乏組織，一會兒排隊，一會兒休息，僅這就重複了許多遍，終於在七點半上了聯絡船。我在先遣隊，必須比大部隊先出發。雖說才九月十四日，但在到達新河的兩個半小時之間，手都被寒流凍麻木了。儘管如此，支那人仍推着竹架魚網在泥水中行走。 推一下，提起來，看看有沒有魚。我看見一個支那人，有着蛇一樣的目光和温和的臉龐，裹着幾乎不能穿的破舊衣服，和他的妻子、孩子乘着一條舢板似的船，揚着盡是補丁的風帆朝下游而去。

他們使帆的技術看上去很嫻熟，雖是逆風而行，可船速卻一點不慢。

到底是大陸，看不見一座山，就像是在日本海上種草植樹並蓋了房子一樣遼闊的大陸。漁夫當中，有的人高舉雙手用古怪的日語喊着"萬歲"。我聽到支那人這種"萬歲"的叫喊聲，突然單純地想到：

對！正是這！我們的使命正在這裡！不是日本進攻支那，而是要讓支那人希望日本人對他們有用。即使支那的上層人物抵抗日本，但和下層人物攜起手來是我們的使命。

今後還會有各種想法，但那種想法還將根據戰爭時日的延續和經驗的積累而發生變化。如今我正在整理這本日記，即使發現有些想法是錯的，我也要保持原貌。為甚麼？因為據此可以知道心靈的軌跡。

白河堤岸上建有許多支那人的民宅。他們的房子全部是用土砌成的，房頂也像日本的房子一樣，傾斜度較小，形狀微微鼓起。支那人一個接一個地從房子裡出來望着我們。其中有一個人剛剛走出來，馬上在牆邊蹲下來解大便。他一面出着恭，一面悠閒地望着我們的船。女人們都在哪裡？在幹甚麼呢？

"嗚——"，汽笛聲響起，一身雪白的法國軍艦移動着它漂亮的身體朝下游駛了過來，艦身上寫着軍艦名"法拉切的……（原稿此處文字不全，為法文'…de Frather'）"，上面載着身穿漂亮水兵服的法國水兵，他們望着我們的隊伍。河邊人家的牆上可以看到寫着"仁丹"（中藥名，今統一寫作人丹）兩個大字的廣告。大沽的美、法、德各國的洋樓上都掛着各自的國旗。河岸是紅色的土。左岸有很多民宅，絲毫感覺不出有文化的氣氛；右岸有各國的房屋及鐵路岔道口，給人一些近代化的感覺。河岸裂

▲ 日本軍國主義的薰陶，從小學教育已可見。

縫間長滿了茅草。

真是一片廣袤無垠的大地。

這是我一生中第一次射出殺人的子彈

九月二十二日

兩個青年拼命朝對岸游，一會兒潛入水裡一會兒又浮出水面。無數的子彈追逐着他們，但沒有一發擊中。我也射擊了。

這是我一生中第一次射出殺人的子彈。

但不知是怎麼回事……我的意志的確命令我要殺他們，並射出子彈。而就在這樣射擊的時候，卻又浮現出另外的想法，感情又命令我不能殺人。我困惑不解。

我不知道為甚麼感情命令我不許殺人。我害怕了嗎？可我沒有怕外敵。因為敵人的子彈一發也沒飛過來，我的四周全是同胞，遭到射擊的兩個敵人在毫不抵抗地逃跑。

為甚麼在這種沒有危險的狀態下，我的感情不許我殺人，而我的意志卻能徹底理解應該殺了他們並命令我殺了他們呢？

難道是有生以來第一次要殺人的我，感到了殺死敵人帶來的因果循環的命運？我感到了這種無形的恐怖？第一發子彈在這種猶豫之中突然射了出去，就像故意不擊中似的。第二發子彈好像是瞄準了。第三、第四發子彈我覺得射得很準確。但是，沒有命中，然後我想，在這種猶豫中再怎麼射擊也不會射中的。於是，我停止了射擊。其他士兵射得很兇，但一發也沒打中。眼看兩個逃跑的年輕人就要到達對岸逃掉了。

我忘掉了自己的事，微微有些生氣。真是一群毫無準頭的射手！於是，我再度射擊。兩個年輕人正好登上對岸時，其中的一個就像石頭一樣落進了河裡。我的子彈準確地奪去了那個青年的命。另外一個青年爬上了對岸。但是，沒有一塊石頭的河對岸全是泥土，好像吸住了他的腳，拒絕讓他的腳自由活動，他無法跑起來，在他拼命但很慢地跑動時，不知是誰射出的子彈穿過了他的身體。他把絕望的身體拋在了河岸泥土上，倒了下來。

我們遭到水攻

九月二十三日

　　這是個意想不到的事態。狹窄的道路上一開始是一點點像蛇一樣彎彎曲曲的水，後來愈流愈多，混濁起來了。我們判斷不出是甚麼水，水從道路上往田裡流，不，同時也往道路上流，滿滿一片，愈流愈大。我們望着愈流愈大的濁水，苦於不知怎麼辦是好。沒有人下命令。我們不知道該去哪裡。眼看着水就要把地面全部給淹沒了。我們選了個稍高的地方集合，我們的四周是一片混濁的汪洋。水淹的面積愈來愈大，水也愈來愈深。不一會兒，我們大概就無法動彈了。我們沒有地圖，也不知道該去哪裡。反正是不該待在這裡。這裡危險！——只有這點我們能夠理解。但是，我們也理解軍紀是不允許我們隨便行動的，我們很困惑，不知該怎麼辦。

　　我們不能不為中隊長的不負責任感到悲傷。這個不可信賴的中隊長！——這個念頭已深深地扎進每一個士兵的心裡，我們對此也無可奈何。一種不能說出口的辱罵和蔑視湧上心頭。臭罵這個卑鄙而又不負責任的中隊長的人陸續出現了。

我們遭到了水攻。偵察隊軍官傳達了敵人破堤的經過，接着說我們應該上大堤避難。我們立刻背起背包，每兩人一組，相互搭着肩膀行動起來。水淹到膝蓋處。在田邊，我們的腳很難邁出，腳尖神經質般地探着落腳點，一點一點地移動。

説"徵收"，便不會感覺到罪惡

九月二十七日

像一件行李似的部隊充斥在念祖橋鎮荒涼的村子裡。他們的目光都在眺望着遙遠的東西，好似某種虛無縹緲的意志在催促着他們。他們已經機械化了。上司的命令就是他們的意志。命令使他們的血肉之軀做出各種行動。房屋裡也一片狼藉。軍馬的碩大屁股在屋簷下排成一行，半個身體堵住了屋內。馬糞和人糞不分地方地散落得到處都是，不斷散發出惡臭，不小心就沾滿一腳。車輛、馬匹和部隊混在一起，一路上發出亂糟糟的嘈雜聲。

這是一個除了車輛聲和腳步聲之外沒有人聲的沉重的激流。

這支激流不久大概又會在甚麼地方碰到岩石，又會散亂開來，又去戰鬥。一切障礙大概都會被這支激流沖垮蕩盡。

他們都是鬥士。

紅紅的太陽照着大地。我們的身體像濾水機一樣不停地噴出汗水。大家都耷拉着腦袋，望着前面士兵的腳後跟默默地往前走。

"喂！支那的烏鴉也是黑的嗎？"我看見幾隻烏鴉，説了一句。接着又默默地朝前走。只有這一句話是我可以帶着感動之情説出的。

從沉重痛苦的隊伍的激流中，不時地像淅淅瀝瀝的小雨一樣流出一些話來，"還不休息嗎"、"真熱"、"真苦死了"、"堅持住"等等，可謂怨聲載道，但又被堅固的軍靴踏得粉碎。

太陽終於在大地的盡頭沉下時，又是汗又是塵土的鬥士組成的激流到達了沙河橋鎮。

拾來花生煮一煮充當零食，燒好豬肉填飽了肚子。之後，便把身體深深地投進唯一的娛樂又是唯一愉快的睡覺之中，甚麼事也不想，就等明天的行軍。

九月二十七日的行軍平安結束，夜晚也平安來臨了。在南谷營的一間倒塌的農家放置雜物的土屋裡，我像一隻喪家犬，一面望着寒冷天空中閃爍的星星，一面貪婪地睡着了。

聽説敵人的大本營在獻縣縣城，約有三個師的兵力。我們明天開始發動總攻擊。

十月一日

一個當地居民過來，我給了他五十錢讓他買糖，他只買了一點點回來，我用亂七八糟的支那語抱怨他，並讓他領路，我自己去交涉。那家店在城外。在那裡，我發現了可怕的事。許多士兵在那裡大肆掠奪商品，商店的主人和夥計們一臉悲痛地呆立在門邊望着他們。我已經沒有必要再交涉甚麼砂糖價格的貴與賤了。

輕率盲從的我們肆無忌憚起來了——這是戰勝國士

兵的權利。首先得還回我的五十錢！我打開了店主的抽屜，五十錢還在。

就像餓狼一樣看了一圈，想着掠奪甚麼東西。首先是砂糖。葡萄乾味道不錯吧，又搶了一盒葡萄乾。罐頭也挺好的。手電筒也很需要。香煙不拿上一點也不行。扔掉獻縣的支那米，換上糯米吧。有了砂糖，麵粉一定更好吃。哎呀，還有皮手套，到了冬天沒這可不行。這東西少拿些，就拿兩副吧。露宿時羊皮也是很需要的。

正當我抱着這些多得抱不下的東西要出門時，大隊本部的經理部的下士過來了，他怒吼道：“誰允許你們拿走的？”

我磨磨蹭蹭地走了過去。其他士兵大大咧咧地拿着東西出了門。我沒法回答這個問題。

“錢付了嗎？如果沒付錢，趕快付錢，隨便多少都行。”

我從懷裡掏出了一枚硬幣，交給了店員。那個店員可能很生氣，又把那硬幣擲還給我了。但我硬塞進店員的手裡就勢跑了出來。寬闊的河岸上，分隊的戰友正在等待着我這個聖誕老人。這邊也喊，那邊也喊，都為掠奪品之多而驚歎。兩三個戰友又拿着東西回來了，我們分隊的食物真夠多的了。我們常常因吃不上東西而大叫其苦，這次拼命弄來了食品，但又不可能吃完，最後剩下的連運也運不走。我們一直吃到想吐為止，死命往肚子裡塞。吃葡萄乾，吃果脯，吃罐頭，吃年糕團，吃油炸餅，一直吃到我們鬆了褲帶。我們說：“這不是掠奪，是徵收。是勝者之師必須進行的徵收。”

不知怎麼，“掠奪”這個詞讓人覺得心情黯然，而說“徵收”，便不會感覺到罪惡。

十一月二十日

今天，暴風雨一刻都未停過，反而愈下愈大了，一個去過西伯利亞戰場的老船員給我講述了當年的情況，並且還說：「上海這一仗非常難打，不像南京那樣三面有山圍住，要有當年攻打旅順那樣的思想準備。」

最近，我經常夢見養母。

三、南京會戰

十一月二十二日

今天，我們奔赴前線。在泥濘的道路上，炮兵們急得像一群無頭蒼蠅推着炮前進，一路怨聲載道。馬已止步不前，哀鳴不已。士兵們氣憤地歎息道："渾身沾滿了泥，費了一天的勁才前進五十米！"按這樣的速度他們根本趕不上攻打南京。要知道，步兵是每天前進四十公里。

梅李是個大鎮子，已經被轟炸得滿目瘡痍。這個鎮子裡也安了電燈。還有兩層的樓房，這在北支那是絕對見不到的。兩層樓房顯得有些文化氣息，而電燈又與一個文化城市相般配，但是支那在文化上終究是落後的。家家戶戶的兩側牆壁是薄磚砌成的。鎮子處處瓦礫成堆，破敗不堪，沒有可以立足的地方。鎮子的盡頭有一座高高的塔樓，頂部已被炸毀，任憑晚秋的枯枝吹打，鐘聲已喑，搖搖欲墜。原計劃我們在梅李住一宿，因無房可住，只得繼續前進。天黑後，露營在一個小村子。夜間，山羊像嬰兒一樣可憐地叫喚，令人生悲的"咩咩"聲使深秋的夜晚更加凄慘，令人傷感。村子裡不見村民人影，走進一間即將倒塌的房子一看，兩個患重病而無法逃脫的支那人，躺着呻吟，樣子看上去讓人生厭。

打掃得很乾淨的院子裡高高地堆着幾百斤稻穀，粒粒都是善良農民們勤勞的結晶。眼下逼得他們離家外逃，連把自己一年苦出來的稻穀出售換錢的機會都丟棄了。

我們在這裡做飯燒水不必拾柴，在稻穀堆上放一把火，燒水、煮飯、烤火全部解決。稻穀通宵達旦在燃燒，造成了極大的浪費。

十一月二十四日

早晨七點半向常熟進軍。常熟為縣府所在地，是一座漂亮的城市。寬敞的石板路，鱗次櫛比的商店和旅館。進入中支那以來，特別引人注目的是，牆上到處都寫着抗日宣傳文字，這在北支那很少看到。由此可見，這裡抗日訓練何等堅決，老百姓抗日熱情何等高漲。大家議論説：中支那的抗日思想非常堅決，對他們不能手

▲ 一名日軍看着牆上的抗日宣傳文字

軟，想殺就殺，想搶就搶！北支那是我們控制的勢力範圍，不能擅自燒殺搶掠。

相機店和鐘錶店等一切商店已被我們洗劫一空，這是一個電燈電話齊備的縣城。第十二中隊駐紮在那裡。在那裡，偶然遇到了浪人出身的木戶君，他給了我一些砂糖。出了常熟城後的路很好走，和內地不相上下，路上有好幾門野戰重炮。卡車拉着這些加農炮，巨大的炮身從我們身邊雄赳赳地駛過。道路上的敵軍屍體被汽車、輜重車壓得內臟四處流出，令人目不忍睹。

女孩子們見我們進了村子，一個個嚇得都在發抖。士兵中有的一看到婦女就起淫念。這時我們急需的是大米，由於糧食供應不上，全靠就地徵收。我走進一家農戶一看，七個女人正畏縮在牆角裡，男人被我們的人捆綁在一旁，束手待斃。一個十七八歲的姑娘在臉上抹了黑灰，顯得特別髒，躲在母親和祖母的背後。儘管我想對因恐怖而顫慄着的她們說，可以放心，不會傷害你們。可是語言不通，只好面帶笑容以示善意，讓她們把稻穀拿出來加工成大米。她們家的大米全被支那兵徵收去了，一粒都沒有，剩下的全是穀子。她們把稻穀放進石臼裡用木棍直搗，簡直是最笨的原始搗法。正當我吸煙等大米的時候，西原少尉闖進來了。他翻着眼挨個打量了她們一番，發現姑娘把臉抹得漆黑，怒吼道："這個畜生為甚麼故意弄成這副髒相？叫她在我們日本兵面前要打扮得漂亮一些！"

少尉在屋子裡搜查了一番，沒有發現可疑的人。他抬腿正要出門的時候惡狠狠地說："這個村子的人和鄰村的一樣，統統殺掉！鄰村三歲孩子都沒有留下。這裡的事完了以後，嚴防她們逃跑，明天早晨把她們全部收拾掉！""喀嚓"一聲，軍刀入鞘，少尉揚長而去。

為甚麼非殺這些女人和孩子不可呢？把嗷嗷待哺的嬰兒和心驚膽戰懷抱着嬰兒的婦女們殺掉，這又能得到甚麼呢？

十一月二十五日

第二天上午八點，像放火燒麥稭一樣燒了村子，我們就出發前進了！

通往南京的大道上，車馬人流如潮，不斷湧向前線。空中飄浮着兩隻氫氣球，氣球下面停着幾輛汽車，正在與重炮兵聯絡。

大型重炮像躍起的公牛一樣豎起尖角，殘忍的子彈和火藥裝載着死神飛向目標。

我們終於邁進了兇殘無道的地獄。道路旁邊的田野裡，人和馬的屍體隨處可見。一群飢寒交迫的少年像蒼蠅一般圍住死馬，揮着大菜刀砍馬肉。在我們的眼裡，他們就像一群飢餓的狼。

不久我們已渾身是汗，疲憊不堪。這時遇上了一大批精神煥發的官兵。聽説他們攻克了無錫，準備整隊入城。我們總算在這裡和中隊會合了。我正坐在路邊，橫山淳來到我的身邊，他説："東，你到哪裡去啦？戰鬥可激烈呢！我們用爆破筒摧毀了鐵絲網，給步兵打開了衝鋒之路。我們小隊長被擊中了，本人現在是代理小隊長。"聽了這番話我覺得挺不是滋味。戰友們打了勝仗得意洋洋，神氣十足。我們卻沒有趕上，覺得比人矮了一截，不由得產生了自卑感，實在沒有資格和橫山淳繼續談論有關戰鬥一事，只得洗耳恭聽，衷心為他的戰績和幸存而高興。

"橫山淳！戰鬥還有的是呢！還遠遠沒有結束。還不知道南京在哪裡，而且還沒有佔領呢！"我一面這樣説，一面祈禱着能有比他們昨夜更加激烈的戰鬥。只有這樣，我才能和他們平起平坐，否則只能為他們評功擺好了。親愛的老鄉工兵軍曹橫山淳在這次戰鬥中立了特等功，成了我軍的模範士兵。

中隊全體官兵在田邊整好隊，我們按順序繞過工兵小心挖出的一個個煎餅式的地雷，到達了中隊的位置。戰友們渾身沾滿了泥土，編成了無錫入城式隊形。不知是哪支部隊排在了我們的前頭。這時，三四個戰士起鬨，"喂！喂！喂"地叫喊起來。

"為甚麼不讓我們第一大隊先入城？攻城的是我們！賣命的是我們！打了勝仗的也是我們！最先進城的應該是我們！耀武揚威地走在前頭的小子們是哪個部隊的？"

"大隊長太老實了，盡受窩囊氣！"又一個士兵説。

"他媽的！可能報紙要報道其他部隊的入城了。消息只是想騙騙國內的王八蛋。我們都是無名英雄！"另一個憤憤不平他説。

"吃大虧的是我們，倒大霉的是我們，出血的是我們！而最先入城，佔據好宿舍，徵得豐富糧草的卻是那些按兵不動，沒流過血的傢伙！算他們厲害，搞不過他們！"

他們不停地肆無忌憚地發牢騷。此類不滿，每逢這種的場合必定出現。因為士兵們總覺得只有自己才是槍林彈雨中闖過來的勞苦功高的有功之臣。他們只看到眼前的事情，視野狹窄。

支那也有了不起的女人

十二月四日

我們立即掃蕩了村子，抓來了五男一女。先將五個男人綁在樹上，另一個因為是女人，把她放了。可是這個女人緊緊抱住一個二十六七歲皮膚白淨的男子不肯離去。她看上去二十二三歲，可能是這個男人的戀人或愛妻，因而不忍離去，表達了她對這個男人熾烈的愛。那情景慘不忍睹。這時，有人拉開她，讓她趕快獨自逃命，可是她卻死死地抱住那個男子不放手。在他們家裡搜出了兩台敵人的無線電發報機。不是他們進行了間諜活動，就是敵兵在他們家裡進行了活動。總之，物證俱在，那是必死無疑了。這個男人只會講一句日語："謝謝！"或許他以為他所說的日語"謝謝"就是"請原諒我"的意思。即使我們對他說"把你殺了"，問他"這個女人是你的老婆嗎"，問他"村子裡的敵人甚麼時候逃跑的"，"你是不是在搞間諜活動"，他都只用一句日語來回答："謝謝！"雖然他並非故意這樣，但是我們總覺得這是在耍弄我們，令人惱火。

被綁在樹上的人，有的被刺死，有的被砍死，有的被擊斃。

我們對這一對青年男女很感興趣，所以把他們放在最後處死。

"把這女人從男人身邊拉開！"中隊長下令道。

一個士兵扳開女人的手，使勁地把她拖開了。另一個士兵"嗨"的一聲用刺刀扎進了男人的胸膛，女人一聲大叫："啊……"發瘋似的衝過去，緊緊抱住男人哭了起來。她嚎啕大哭，好像要吐出血來。真是個非常動人的戲劇性場面。不一會兒，她把緊緊地埋在男人胸口的、滿是淚水的臉抬了起來，衝着我怒目而視。她懷着對倒在血泊中奄奄一息、即將失去生命的男人的深深的愛，懷着對我們的刻骨仇恨，用手指着自己的胸膛説："刺吧！"不，應該説是她嚴厲地命令着我們。一個普通女人儼然像將軍一樣以其巨大的威嚴命令我們！

"刺吧"

"嗨！"

"嗚——"她倒下了，像保護戀人一樣倒在男人的胸膛上。這是殉難！是為愛而殉難！從她那豐滿的胸膛裡流出的赤紅的愛與恨的鮮血在男人的身上流淌着，似乎還在保護着他。這一齣悲劇的確打動了我們，我們紛紛議論："支那也有了不起的女人！"

"原來愛的力量比死更強大。"

我們當即在村子裡放了火，接着便向另一個村子進

▼ 日軍所到之處燒殺搶掠

發了。最近，對於我們來説，放火已成了家常便飯，覺得比孩子的玩火還要有趣。

"喂！今天真冷啊！"

"那要不要燒一幢房子暖和暖和？"

這就是今天的我們。我們變成了殺人魔王，縱火魔王！

十二月七日

凌晨兩點左右，第二大隊隊長派人來和我們商定宿營地點，所以我們大隊也決定找個村子住宿，我們真是歡天喜地。此時此刻逃脱嚴寒之苦，實在是莫大的幸福。我們發現了一個村子。農民們見我們進了村子，驚慌不已。我們首先搶了他們蓋的棉被，他們像壁虱一樣拼命地抱住不撒手。有一個婦女氣沖沖地趕來大聲地喊叫，要把被子奪回去，這個女人氣焰囂張，對於我們這些日本軍太無禮。我們一怒之下一腳把她踢翻在地，於是這個撒潑的中年婦女就像不倒翁那樣轉起身來，一聲不吭地呆了一會兒以後，嘟囔着氣急敗壞地溜進了黑夜之中。

我們每當宿營時，都是首先掃蕩村子，殺掉農民，然後睡覺。農民們之死可以保障我們睡眠的安全。

我們往往僅僅為了天亮之前平安地睡上三個小時而讓許多農民去死。這也是戰場上的一大悲慘情景。

南京陷落了，我們勝利了！

十二月九日。早晨七點，我們攻佔了敵人的陣地。敵人已逃進山裡，留下了堅固的鋼筋水泥碉堡，上面用土和草進行了偽裝，前面有高七寸、寬兩尺的射擊孔。

碉堡的後側安着一扇厚鐵門，裡外都上了鎖，加了裝置，為了與其他的碉堡聯繫，挖有交通溝。萬不得已的情況下才封閉射擊孔和鐵門，只要碉堡安全，人待在裡面就安然無恙。我們急行軍追擊敵人，穿過平原、越過山巒，發現三十五聯隊正在前方大道上大搖大擺地前進。

中隊長喊道："加快步伐！不能讓三十五聯隊搶先佔領南京！"這一喊激起了我們爭先恐後的情緒，一心要第一個衝進南京城。

我們的熱血在沸騰，氣力旺盛，不怕苦不怕累，心裡燃燒着希望，挺身大步向前。

我們爬上一座滿是石頭的山，上面只有雜草。我們在山頂上俯視着剛才走過來的高地，猶如海洋一般遼闊，又如山的起伏一樣伸向無限的遠方。巨大赤紅的朝陽從東方升起，色彩斑斕，光耀奪目，蔚為壯觀。群山延綿，層巒疊嶂。我們下了山又上山，上了山又下山，翻過了三座山頂。這時，遭到了右側山上機槍的掃射，行走在我前面的一名士兵當場犧牲，三名重傷。

南京在哪裡？我手搭涼棚，踮腳極目四望。但是視野裡沒有一處像南京。只聽到從遠處雲層下傳來友軍飛機的轟炸聲，猛烈可怕，接連不斷。

南京總攻擊開始了！

我們把死和痛苦拋到九霄雲外，向前奔跑，猶如餓狼撲食。

多麼猛烈、刺耳的槍炮聲啊！炮彈的爆炸聲在黑暗中迴蕩。

這簡直是地獄裡的大合奏，是殘酷而猙獰的殺戮，是充滿破壞慾的狂吠。在這野蠻的吼聲中，繁星冷靜而安詳地閃爍着。這多麼具有諷刺意味啊！

我是一個極端懦弱的自私小人，只有當生命面臨危險時才意識到生命的可愛與美好。

我們應該豁出去，將自己的一切乃至生命，奉獻給親愛的祖國。

現在難道是歎息自己軟弱的時刻嗎？應該做一個能慷慨赴死的人。在這兒，在可稱之為"屠殺人類重工業"的戰場上，生命甚至不抵一粒塵埃。

野蠻與慘無人道，在各處嘲弄着我們，在等着吸食我們的鮮血。

荒蕪、廢墟與混沌就是惡魔的安息處。

有一首歌叫《人們鼓勵我犧牲戰場》，這歌詞聽來，死亡簡直成了我們的目的了。果真如此嗎？

《葉隱》上寫道："所謂忠義，就是指死。所謂武士道，就是指死。"

死！死！死！

啊！還是想活下去，我們不能夠泰然赴死的苦悶心情中，甚至產生了自己一個人不死，戰爭也能打勝的卑鄙心理！

但轉念又會想到，如果確實需要捐軀，自己也能含笑面對。

活着的人想生存下去。生者求生，這難道不是人之常情嗎？

但作為一個日本人是不能因為這個理由而採取膽怯的行動的。

決不能苟且偷生！也不要膽怯而死！

要在日本人的自然中生，在日本人的自然中死！

對了！渴望生存並非怯懦，而是自然情感的流露。但是，如果死得有重大意義，也就是非死不可的時候，就應大義凜然，慷慨就義。

　　最優秀的士兵既不是上等兵，也不是二等兵，而是指那些作為一個日本人，作為一個日本士兵在他該獻身的時候，義無反顧、毫不猶豫的人。

　　寒氣逼人，蒼白而混濁的星星以它永恒的冷澈閃爍着皎潔清輝。

　　死神片刻不停地演奏着地獄之曲，唱着死亡之歌。

　　我不知不覺進入了沉沉的夢鄉。

十二月十三日

　　這種認屍牌是金屬製的，橢圓形，用細繩斜掛在背上，如果誰戰死沙場，屍體變得支離破碎，已經無法辨認的時候，這塊認屍牌就派上用場了。

　　相信這毫無根據的迷信其實質是拒絕科學，應該受到嘲笑，但日本人卻不能不信。把"四"和"死"聯繫在一起，就覺得厭惡和不安。心裡偷偷地占卜吉凶，如果占卜的結果是吉利的，他不會把這好的結果跟別人說，只是深深地藏在心底，惟恐說了以後吉利會從體內逃走。如果占卜的結果是壞的，他會把這結果說出來，試圖減少它的功效，認為只要說出來，它就不會留在體內，而會從嘴裡逃出去，所以總是喋喋不休地說。但這時他不說："我占卜了一下，結果不好。"而是說："今天總覺得不大對勁，是不是我要死了？"之所以這樣說，是因為如果把"占卜了一下"說出來，就等於在告訴人們："我已經做好死的準備了。"

　　人對生存的慾望是非常強烈的啊！即使嘴上能平靜

地説已經做好了死的準備，但多數人卻是言不由衷的。

我們總是在面臨死亡的時候，愈發強烈地感覺到生的寶貴和美麗，愈發對它強烈地嚮往，也愈發羨慕能在山野裡四處奔跑的健康。

總而言之，人是軟弱的。

我們也清楚地認識到，心裡充滿膽小、不安、猜疑、恐懼的人更容易受到誘惑。

在甚麼地方都有死的可能，子彈掃帚在貪婪地吸着血。人在極度軟弱、不安、猜疑的時候，如果神宣佈"在五點三十二分三十秒放屁一定會死"，這個士兵一定不會在五點三十二分三十秒放屁的。對於這種芝麻綠豆大的小事，他可能會信以為真，或者即使不相信，他也肯定會認為不能幹壞事。

但是這種實際上很無聊的迷信，也只限於戰爭爆發之前。一旦戰爭開始後，置身於槍林彈雨中，恐懼、不安、猜疑全都拋到九霄雲外，只相信生死命中注定，這"生死"二字猶如燈光，不知在腦海裡閃現過多少次了。在戰場上誰都必須認命，這是最後的哲理。

在最後關頭，不管是躲開子彈，還是迎着子彈，都沒有安全的地方，哪兒都有危險，哪兒都可能死，那時必須認定生死由命。

即使把小事放在心上，相信迷信，懷疑占卜結果而恐懼的時候，只要去一個地方躲開死亡，時間仍然綽綽有餘。

認為生死命中注定，確信自己絕對不會死，這在戰場上是非常重要的事。確信子彈打不中自己，是因為心中在想：經歷了這麼多次戰鬥，一點都沒受傷。這樣的確信，或許是因為自己像內山準尉一樣信仰日蓮宗，相信神會為自己特別祈禱；或許是因為今天占卜的結果是好的；或許因為今天自己帶了護身符。我雖然沒有這些根據，但我卻確信子彈不會打中我。我不由得心潮起伏，想起了大阪的姐姐曾為我參拜日夜神，向神祈禱。她給我來信說：不管多麼可怕的子彈向你襲來，你也決不會死。我一直相信這句話。

我們每個人都希望活着，不想死，雖說如此，我們打仗的時候並沒有膽怯、退縮。這是因為我們既想活，又相信生死命中注定。命運到底是甚麼？對此我不能做出詮釋，但我們卻感到了它的神奇莫測的力量。現在有一個負傷的士兵正面對着死亡，極度地恐懼，留戀着生的美好。他裹在外套裡，扭動着，掙扎着。他這種心情誰都會有。

空中彌漫着燒死人的臭味，屋外傳來火焰燃燒的聲音。

"喂！不要難過，衛生隊馬上就來了，你很快就會痊癒回中隊的。再見。"

我一路上沉思着，離開那藍色的房子愈來愈遠了。突然傳來汽車"喀嚓喀嚓"的聲音，抬頭一看，原來是輜重兵裝着糧食和彈藥的車子，是第一大隊的小件行李隊。因為路不好，他們登陸後沒趕上大部隊，慢騰騰的，到現在才到這裡。

他們當中有一個姓中口的，是我的老鄉。

"聽說第一大隊全軍覆沒，是嗎？"他問。"沒這麼嚴重。"

我憂鬱地答道。"是嗎？那就好了。南京陷落了，我們勝利了！"他興奮地大聲說道。我像被抽了一鞭的馬一樣跳了起來："是啊！南京陷落了，我們勝利了！我們勝利了。"並且説："是啊,金藏君,我們勝利啦!"我邊跑邊喊着。

大家都在等我回來。他們刺刀上槍,在嚴密警戒以防敵人襲擊,他們説想儘快安置傷員,因為傷口沒有治療非常疼痛。下午,好容易來了兩名擔架兵。

我們把傷員移交給衛生隊時,夜幕快要降臨了,我們決定今晚在此住宿,但是沒有糧食,必須自己解決。

傍晚,炮兵隊、輜重隊也來到了這裡,我穿着小船似的硬得作痛的鞋,在柏油路上喀嚓喀嚓地走着。路旁立着一塊牌子,寫着"四方城路"四個字,鬱鬱葱葱的樹木整齊地排列着,樹的下面放着白色的長凳,是姑娘們散步、情侶們談情説愛的地方。但是把視線移至左邊的斜坡,那裡有一條難看的戰壕,在挖出來的黃土上面,散亂地放着娘子軍的化妝用品,支那兵抗日英雄的屍體橫七豎八地躺着。

今天我們的士兵已經毫無危險

十四日,上午十點半,我們在陽光的照耀下,精神抖擻地走在四方城路上。佐世保的輜重隊還在遺族學校裡。我非常感激給我乾蘿蔔絲的那個少尉。這所遺族學校,據説是孫文革命軍遺族子弟的學校。校內堆放着十幾架日軍飛機的殘骸。這條路和正道相交叉向右拐,在斜坡草地上,有幾個石頭鑲成的字,寫着"新生活運動",路旁躺着已經發黑浮腫的屍體。高高的城牆終於展現在我們眼前,城牆外側是護城河,裡面的水很深。橋已被破壞,只能通過一個人。中央有三扇大門,這就是我們夢寐以求的城門。為了佔領這扇門,死傷了許多戰友,而我們卻順利地到達了終點。這是多麼的幸運啊!

開在城牆中的三個城門，構成隧道形據點，沒有裝飾，異常堅固。兩旁土包內側的鐵門關着，只有中間的一扇門半開着，鐵門上有一些對歷史表示感慨的白色文字：大野部隊十三日凌晨三點十分佔領。

啊！大野部隊是第一個佔領的！是第一個佔領南京的！

記者"喀嚓喀嚓"地拍照。鬍子拉碴的士兵們面帶笑容，連車馬聲都彷彿表示了歡笑，大家都沉浸在勝利的喜悅中，激動而興奮。萬里無雲，太陽好像灑下了明媚的春光。

"喂，記者，你們有沒有向內地報道是大野部隊第一

▲ 日軍佔領南京

個佔領的？"

"報道啦！今天一大早就發過電報了，現在內地一定是一片歡騰。"

我們如釋負重，一身輕鬆，心裡滿足，喜悅而踏實。走進被炮擊壞的城門，展現在我們眼前的是寬廣的南京市街，寬廣的道路兩旁，排列着紅、黃、藍三色的美術廣告牌，向前幾步，右側有一幢用青瓷大瓦和朱紅圓柱建成的宮殿般的房子，左側是一個舊貨市場。我們在舊貨市場的廣場上吃了午飯，尋找回中隊的路。前天敵人還四處奔跑的大街，今天我們的士兵已經毫無危險，佩着刀在上面行走了。

大約七千名俘虜解除了武裝

我們在廣場集合，正在安排哨兵和分配宿舍時，突然來了要我們去收容俘虜的命令。據說俘虜約有兩萬人，我們輕裝急行軍。

暮色在我們腳下彌漫，不久夜幕降臨了。雖然四周一片漆黑，星光閃爍，我們仍然馬不停蹄地行走，走了三四里路時，看見了無數時隱時現的香煙火光，聽到蛙聲般的嘈雜聲，大約七千名俘虜解除了武裝，在田間坐着。他們的長官早已扔下他們逃跑了，只留下一個軍醫上尉。他們坐的那塊田比路低，所以一目了然。

繫在枯枝上的兩面白旗在夜風中飄揚。圍旗而坐的七千名俘虜煞是壯觀。

把現成的白布繫在樹枝上，然後大搖大擺地走來投降，想像一下這樣的情景，真可笑可悲。

他們居然做得出，擁有兩個聯隊以上的兵力，卻毫不抵抗地成了俘虜，而這麼多的兵力裡一定有相應數目的長官，誰知一個不剩全都逃跑了，真讓人佩服！我們只有兩個中隊，他們七千人如果炸營暴亂，恐怕我們兩個中隊的兵力也早已被全殲。

我們把他們排成四縱隊，白旗在前面拿着，我們開始和他們並排行進。

有穿着淺藍色棉軍衣，外面套着淺藍色棉大衣，戴着淺藍色帽子的；有背着棉被的；有從頭裹着毛毯的；有拿着豆沙麵包的；有脱下軍服換成便裝的；有戴帽子的，也有不戴帽子的；有十二三歲的小兵，也有四十歲左右的老兵；有戴着禮帽穿着軍服的；有把煙分給大家一起抽的，也有誰都不給只顧自己抽的。他們像螞蟻爬行似的慢騰騰地走着，像一夥遊民似的滿臉癡呆的表情。他們不守紀律，也沒有秩序，像一群癡呆的綿羊邊竊竊私語，邊向前走去。

他們不停地喊口渴。沒有辦法，我把水壺裡的水倒給了他們，因為看到他們實在可憐。休息時，他們再三這樣問我："我的——死啦死啦？（是不是要殺我？）"

對於他們來説，最重要的就是以後將被怎樣處置。他們的表情看上去不安到了極點。

我給了這些可憐的羔羊一點安慰。

夜深了，寒氣更加逼人，我們來到下麒麟村的一座大宅子前。他們全部被攆進了宅內。走進宅子的時候，他們非常不安，儼然那裡是屠殺場，但最後也只能無奈地，拖拖拉拉地進去了。進門後，有個戰友想從他們那裡搶走毛毯和蓋被，俘虜們竭力不讓他拿走，他們爭奪了起來。

完成了收容俘虜的任務後，我們在一個已燒得只剩水泥柱和水泥地的人家宿營。

十二月十五日

第二天早晨，我們接到去馬群鎮警戒的命令。在馬群鎮警戒的時候，我們聽說俘虜們被分配給各個中隊，每一中隊兩三百人，已自行處死。據說他們中間唯一的軍官軍醫因為知道支那軍藏糧食的地方，上面命令把他養了起來。我們不清楚為甚麼殺掉這麼多的俘虜。但是總覺得這太不人道，太殘酷了。我覺得簡直難以理解，好像很不應當。七千人的生命轉眼之間就從地球上消失，這是個不爭的事實。

我想，在戰場上，生命這個東西還不值一個飯團。

我們的生命也會被戰爭這把巨大的掃帚輕而易舉地掃掉嗎？想到這點，我就萬分憎恨戰爭。

▲ 被俘虜的中國軍人

十二月二十一日

奉命警戒城內，我們又離開了馬群鎮。

中山路上的最高法院，相當於日本的司法省，是一座灰色大建築。法院前有一輛破爛不堪的私人轎車翻倒在地。路對面有一個池塘。不知從哪兒拉來一個支那人，戰友們像小孩玩抓來的小狗一樣戲弄着他。這時，西本提出了一個殘忍的提議，就是把這個支那人裝入袋中，澆上那輛汽車中的汽油，然後點火。於是，大聲哭喊着的支那人被裝進了郵袋，袋口被扎緊，那個支那人在袋中拼命地掙扎着、哭喊着。西本像玩足球一樣把袋子踢來踢去，像給蔬菜施肥一樣向袋子撒尿。西本從破轎車中取出汽油，澆到袋子上，在袋子繫一根長繩子，在地上來回地拖着。

稍有一點良心的人皺着眉頭盯着這個殘忍的遊戲，一點良心都沒有的人則大聲鼓勵，覺得饒有興趣。

西本點着了火。汽油剛一點燃，就從袋中衝出了令人毛骨悚然的慘叫聲。袋子以渾身氣力跳躍着、滾動着。有些戰友面對如此殘暴的玩法還覺得很有趣，袋子像火球一樣滿地滾，發出一陣陣地獄中的慘叫。西本拉着口袋上的繩子說：

"喂，嫌熱我就給你涼快涼快吧！"

說着，在袋子上繫了兩顆手榴彈，隨後將袋子扔進了池塘。火漸漸地滅掉了，袋子向下沉着，水的波紋也慢慢地平靜下來。突然，"嘭！"手榴彈爆了，掀起了水花。過了一會兒，水平靜下來，遊戲就這樣結束了。

像這樣的事情在戰場上算不上甚麼罪惡。只是西本的殘忍讓我們驚詫。

一會兒，這夥人便將上面的慘事統統忘記，如同沒事人一樣又哼起小曲走路了。

日本國民在侵略戰爭中的角色

　　探究日本國民的戰爭角色，向來重視日本的天皇制和軍國主義教育的影響，也即角色的歷史淵源和背景。

　　明治維新以來，日本人從小就受軍國主義絕對服從教育，整個社會都具有絕對服從的思想傾向。下級服從上級，個人服從國家，全國服從天皇，已成為每個人的意識觀念。日本士兵的思想意識中，上級的命令就是天皇的命令，參與軍國主義侵略行為，逐漸由被動轉為主動，由膽怯到不在乎。只要上級下令，無論對錯，都要執行。

　　探究日本國民的戰爭角色，同時也注意到日本國民意識的基本特點。一個是蔑視亞洲。古代日本崇拜中國文化，民族優越感在民族意識中並不佔重要地位。明治維新後，日本迅速走上資本主義，開始萌生歧視中國、朝鮮及亞洲人的意識，昔日那種對中國的崇仰已不復再見。特別是甲午戰爭及日俄戰爭勝利，日本對中國的蔑視感不僅充斥政界和社會上層，在一般國民中也日益普遍。

　　另一個是民族主義。日本不滿足於東方島國的地位，不斷進行擴張主義教育，提出“尊皇攘夷論”，強調日本對亞洲的主導地位。明治時期的維新開放的倡導者福澤諭吉就宣傳“日本為東方魁首盟主”，應“爭雄東亞”。民族優越感影響日本國民投入戰爭，非但沒有侵略的罪責感，反而感到是在"解放亞洲"，"拯救亞洲國家"。

但是日本國民在戰爭中的角色更多地體現在草根階層的意識方面。20年代全球性的經濟危機，令日本陷入災難。大量企業破產，銀行倒閉，物質極度匱乏，全民普遍絕望。用武力侵佔落後鄰國換取本國人民生存的想法，逐漸成為民眾的思想潮流。這種想法在下級軍官身上轉化為行動，他們有廣泛的民意基礎，被視為那個年代的武士道之精魂而受到國民普遍擁護。戰爭持續近15年，絕大多數日本人支援戰爭。民意支援是日本軍人有恃無恐採取軍事行動的力量源泉。出身貧苦的少壯派軍人發動的暴亂兵變，直接促成了軍部獨裁政治體制的產生。

正如日本一個研究者指出，戰前日本國民主流意識已經軍國主義化，每個國民都直接或間接地成為侵略戰爭中的一員。每個國民都被作為戰爭的執行主體動員起來的，從這個意義上講，日本國民也對戰爭負有責任。

日本人一般習慣從自己在戰爭中經受的苦難經歷中理解戰爭，模糊了戰爭"加害者"與"受害者"之間的界限。究其原因，是很少意識到戰爭對亞洲各國的侵略性質。戰後日本的歷史教育如何傳授關於戰爭的知識，是反映日本社會對侵略戰爭的反省程度的一個指標。

▼ 日本幼童穿軍服到靖國神社參拜

延伸思考（1）

1. 東史郎的母親送別東史郎，説："這是一次千金難買的出征。你高高興興地去吧！如果不幸被支那兵抓住的話，你就剖腹自殺！因為我有三個兒子，死你一個沒關係。"怎麼評論戰爭中的母親？怎麼理解善良的母親的良知？

2. 日本國民在戰爭期間，一直支援對亞洲國家的侵略，整體上配合侵略戰爭。戰爭有沒有正義非正義的區別？日本人為甚麼能夠那樣喪失理智而全力地配合戰爭？

3. 戰爭造成人性扭曲，平日温順、善良的日本普通人，平凡的家庭成員，到了戰場為甚麼會變得特別殘虐？這和日本人的精神意識有甚麼樣的關係？

4. 戰爭是國家間的戰爭，日本軍國主義集團需要承擔責任，國民是戰爭的執行者，對戰爭承擔甚麼樣的責任？日本人如何看待戰爭責任？

四、華北戰場

自昭和十三年（1938 年）一月從大連出發第二次討伐北支軍隊至四月二十一日出發赴徐州戰場。

我的故鄉有沒有下雪？

一月三十一日

從大連回國的夢想被無情地打碎了。下午四點，我們從宿舍出發，坐上悶罐車再一次奔赴戰場。

今天是舊曆年。到處是滿人燃放爆竹歡慶新年的身影。我的故鄉有沒有下雪？大家一定在白雪紛飛中歡度新年吧！

我們的鐵罐貨車已被臨時改成上下兩層。為的是最大限度地運送士兵。在狹小昏暗的車廂裡，我們就像關在鐵籠裡的猴子一般無法動彈。我睡在上層。木下和我隔着一張床，正在鬧騰。只要不打仗，他就格外來勁。

軍用列車不停地向北方駛去。每節車廂裡都塞了七十多名士兵。我們裹在從南京徵用來的被褥裡抵禦着刺骨的寒氣。河上結了冰，變成了冰河。

荒漠的大地，無垠的大地，到了大陸後，我們對土地這個概念有了更深的體會。從火車的縫隙間，只見大地不斷地向後退去。已經過了奉天。本以為會再往北開，羅盤卻指向了西面。

難道是再次奔赴北支那？

正如我所料，列車到達了山海關。廣漠的大地上散落着一些石頭房子，巍峨的大山層巒疊嶂。它們呈銳角形，在內地是見不到這種形狀的山的。在同一條鐵路上，我們曾經士氣高昂地奔赴中支那，如今卻滿懷惆悵坐火車北上。

二月十七日

站完崗回宿舍後，又去參觀了寺廟。

今天不比往日，颳起了大風，風捲着沙土迎面撲來，讓人無法睜眼。

寺廟建得很古樸，上面有"清朝道光"的字樣。廟門的屋頂又寬又重，穿過廟門，走過圓形石橋，就來到了正殿。正殿裡面安放着支那特有的與真人一樣大小的雕像。

不知為何，今天一整天都覺得坐立不安，心神不定。把蓆子鋪在向陽處，躺在上面繼續我的故鄉夢，昨晚的月亮至今還留在我的心坎上。

一想到不知何時才能重歸故國，我就陷入深深的鄉愁之中，啊！無法排遣的鄉愁。

特別想家的時候，我常常會有這種衝動：想一刀挑死支那人，聽他們的慘叫聲，或是一槍打進支那人的身體。那樣心裡或許會舒服些。

二月十八日

彰德很大，特別是白天，人多得像在趕集。我們乘的人力車從後城門出了城。廣漠悠久的大地上綿延着高高的城牆，這是在大陸才能看到的風景，像電影上的畫面一般雄偉、壯觀。

城外的火車站前妓院林立，可能有三四十家。大都是朝鮮妓女。不知為何今天特別想找個妓女。我們五人看中了一個妓院，覺得那兒可能有美貌的妓女。誰知進去一問，一下子找不出五個妓女，我們只好返程。坐在人力車上，想想幸好沒找到妓女。

二月十九日

但這一天外出的時候，我還是走進了妓院。

最近可能是太輕鬆了，晚上常常難以入眠，我想是不是該找個地方發泄一下了。

我找的朝鮮妓女長得很漂亮，但顯得很無知。

一小時三日圓。

她有一個手提收音機，隨着音樂給我跳起舞來。欣賞着熟悉的音樂和舞蹈，我覺得很愉快。

但是，一想到自己的嫖妓行為，我就後悔不已，那感覺如同身體被淤泥玷污了一般。我的體內生出一種無法抑制的厭惡，真想往自己骯髒的身體上狠狠唾一口唾沫。

現在士兵的心境和當時他們在南京軍政部時的相差甚遠。在南京的時候，人人都認為取得了勝利，個個興高采烈，充滿活力。現在的士兵們已失去了往日的朝氣，每天唉聲歎氣，士兵內部彌漫開一種自暴自棄的情緒，早就失去了原來那種緊張感。

要想讓士兵們恢復原來的幹勁是不可能的了，失去那種熱切的期待後，他們現在陷入了沮喪的情緒中。

但這只是心理歷程的一個過渡期而已。過了這個過渡期，我們會靜下心來，全力以赴，為下一個軍事目標做好準備。

今天有酒供應，我們已經好久沒有喝酒了。還沒到滿月的時候，但天空中的月亮像幻燈一般清亮，無數的星星銀河般璀璨，即便在這寒冷的冬夜，我們也嗅出了春天的氣息。過不了多久，迎面拂過的春風就該帶來一股剛擠出的牛奶般的濃香了。

院子裡，熊熊燃燒的火堆上，架着石油罐熱酒。我們圍着火堆坐成一圈，邊喝酒邊引吭高歌，唱了很多曲子，有沙諾沙曲（為1897年前後日本流行起來的歌謠，因每句結尾加上沙諾沙的音調得名）、袷裟曲（日本新潟縣一帶流行的民謠）、磯曲、小原曲等。

我們意氣風發的歌聲，打破了冬夜的寂靜，迴蕩在夜空中；我們打的拍子，也與歌聲應和，在夜空中迴響。

這所房子的主人，也就是先前的老頭子，籠着兩手，臉上交織着不安和好奇，詫異地瞧着我們不同尋常的舉動，豎耳聽我們奇怪的曲調。

我們盡情地喝酒、高歌。直到拍得手發疼，喝得酩酊大醉為止，但我們高亢的歌聲裡隱含着一絲不知何時才能返回故鄉的憂愁。

二月二十日

今天也允許外出，但因為昨天外出時做了該遭唾棄的事，我準備一人在房間裡度過。

戰友們都出去了，不知為甚麼，我今天特別想一人安安靜靜地待着。我早已習慣了紀律森嚴的部隊生活，像昨天那樣放鬆一下，當時感覺很興奮，但過後只會覺得無聊。

門外傳來了如位如泣的二胡聲。我大踏步走到門口，把賣唱的盲人叫了進來。他吃力地登上石階，拉起了二胡。細弱而顫抖的弦聲沁入我寂寞的心靈。春風輕輕地拂過我的臉頰。我的心顫抖起來，像是因為自己找回了哀怨，又像是因為找到了真實的自我。盲人眨巴着甚麼也看不見的眼睛，靜靜地拉着二胡。昨晚，我們在這兒意氣風發地唱歌、喝酒，現在，瞎眼的乞丐在同樣的地方拉着淒涼的曲調，嘶啞的二胡聲直接傳到我的心靈深處，我恨不得讓這音樂永遠留在我的心裡。拉了幾段曲子後，二胡停了下來。我給了他十錢和一些米。

賣淫女失去姿色就當鴇母，賭徒變成了騙子，浪蕩子淪落為乞丐，這就是貫穿人一生的不可逆轉的法則，即將步入老年的盲人垂下了頭，好像已屈服於這個人生的法則，慢慢吞吞走下台階。

三月一日

今天是三月一日，本來我們可以外出的。日曆裡帶"一"的日子都是外出日。但我待在屋子裡沒動，因為根本沒甚麼地方好去，要麼就是去朝鮮人的妓院。

我和瀧口、村下少尉花八十錢買了兩瓶世界長牌酒痛飲。酒酣耳熱之時，我們聽到了這個事件。趁着酒興我們大嚷道："就該一把火燒光那個村莊！"

"醞釀了二十年的抗日情緒，是不可能因為安撫隊十天、二十天的宣傳就煙消雲散，從而開始對日軍抱有好感，成為日軍的順民的。這一帶的村民沒有經歷過恐怖的戰爭，沒嚐過軍隊、子彈的滋味，所以他們不敬重士兵。應該先對他們嚴加彈壓，讓他們飽受鐵棒之苦，等他們對日軍產生敬畏之情後，再使用安撫的手段。真該放一把火，讓那個村莊嚐嚐大屠殺的滋味。"

我們三人都有了幾分醉意，話題也不斷變化，最後說到了瀧口的信仰問題。瀧口每天早上都要合手拜神，我就說："信仰其實就像是味精。為甚麼這樣說呢？有了信仰人會更堅強，信仰的作用就相當於增加菜的口味的味精。」

村下少尉接過話頭：「信仰是味精的話，那寺廟和神社豈不成了生產廠家了嘛？」說完哈哈大笑，仰起脖子又是一杯。

我問瀧口：「你每天祈求神靈保祐你甚麼呢？我還沒拜過神呢，你該不是求神庇護你升官發財、子孫興旺吧？」

「我才不是為了那些呢！我就是拜拜神靈而已。」

「但總是有動機的吧？我記得剛剛出征時，你並沒有這個習慣嘛！」

「的確是有動機的。」

「那是甚麼動機呢？」

他沒有回答。我想他肯定是面臨巨大的危機束手無策，才轉而向神靈祈求奇跡的吧。他是考慮到如果說出動機，可能會被我們小看，所以緘口不語。

敵人早就高唱凱歌逃走了

三月六日

到處都能發現殘敵的行蹤。

上午十一點，春光和煦。我正在北門悠閒地站崗，傳來了緊急集合的喇叭聲。中隊馬上分坐三輛卡車輕裝出發了。中隊出發後，營兵也接到立即出發的命令，我們這些營兵就和重機槍分隊的士兵同乘一輛車，緊跟在中隊後面。

據報，汲縣附近有五百個賊兵襲擊鐵道隊，我們的卡車捲起陣陣沙塵全速疾馳了兩個半小時後，到達了汲縣（衛輝）。

第四中隊（阪隊）駐紮在汲縣的女子學校裡。這個學校設備簡陋，很不正規。黑板就是那面用墨塗黑的牆，教室也給人一種空空蕩蕩、死氣沉沉的感覺。這要在日本最多算個私塾。

遭襲擊的地點離汲縣有五公里，等我們趕到時，只看到被殘殺的屍體，敵人早就高唱凱歌逃走了。我們停在一個小車站裡，這個車站位於汲縣與道口鎮之間。我們停在站台上，等待着滿載屍體的裝甲列車。

北支那的三月初，正是楊柳發芽、春風拂面的時節。大地上空氣清新，散發出一股牛奶般的香甜氣息。在這萬物復蘇之際，暖風讓人想起了故鄉的山川、父母，還有和戀人們度過的日日夜夜。

連接汲縣與道口鎮的鐵路是敵人逃亡前破壞的，他們還通告村民可以把枕木當柴燒，一直為燃料發愁的村民們就爭先恐後卸下了枕木，導致這一路段陷於癱瘓，鐵軌則被散亂地扔在一邊。

鐵道隊的四十五名工兵正在修復平漢線彰德以南部分被破壞的鐵路，得把這一段鐵軌給接好，於是他們徵用了約五十個農民和苦力幹體力活。天空藍藍的，風暖洋洋的，地面升起的霧氣使得一切看上去都像在夢幻中，沒有炮彈聲，也沒有刺耳的槍擊聲，在這兒也聽不到都市的噪音，有的只是溫暖的陽光和十字鎬挖土的聲音。工兵們脫去上衣，半裸着身子埋頭幹活。

其實三天前，就傳來了大概有數千名殘敵會來襲擊的消息。這兒的村民對日軍抱有好感，而對殘敵的暴戾心有餘悸，他們常常會在殘敵襲擊前，就向在附近幹活的工兵們通報消息，工兵們每次接到這種報告後，在日常作業中都注意加強警戒，情報三天前就傳到了他們的耳朵裡，第一、第二天都平安無事，所以他們就放鬆了警惕。

吃過早飯後，沐浴着春風，哼着小曲，工兵們一邊談論着何時回國，一邊在心中描繪着故鄉的一山一水。他們就這樣開始了一天的工作。

十字鎬在陽光下閃閃發亮，半裸着的健壯身軀，被陽光曬成棕色，背脊都汗濕了。他們根本沒意識到在這和平、安詳的空氣中潛藏着死的危機。五十個苦力也都很賣力，附近的村民也參加進來，工程進展很快。

工兵們離開他們擺槍的地方有百米之遠。他們放鬆的弦兒根本就沒想到會出意外，只顧埋頭幹活。他們中有一人停下了手中的十字鎬，深深地吸了一口氣。這時，他看到有些像是農夫的人從四周慢慢逼近。但工兵們仍未覺察到危險，因為附近的村民也加入到五十個苦力的勞動中來了，所以根本分不出哪些是殘敵，哪些是苦力。工兵們只覺得，今天苦力好像特別多，他們覺得有些不對頭，但轉而又覺得一切很正常。

他們繼續揮動鐵鎬挖鐵軌。等他們心頭掠過一絲不祥之兆，再抬頭四顧時，只見三個腰上掛着紅布條的便衣隊員，屈着左腕，眼露兇光，向他們逼來。啊，是手槍！右手持着的是手槍，正瞄準他們呢！緊接着很多便衣隊員就像狼一般，惡狠狠地逼近他們。腰上掛着紅布條的人好像是他們的頭兒。當工兵們驚慌失措之際，五十個苦力就像炸開花的手榴彈作鳥獸散，只剩下這些工兵被敵人緊緊包圍。槍支全放在百米之外了，怎樣才能拿到手呢？他們後悔自己的疏忽，全然不知如何應戰，只能起身怒吼。

面對手槍，他們不得不揮起手中的鐵鎬應戰。他們知道死期臨頭了，便拼着全身氣力上前搏鬥。手槍響了，步槍也扣動了扳機，機關槍在掃射，鐵鎬飛上了天，青龍刀在頭上揮舞。

血染鐵路，腦漿迸裂，到處是嘶喊聲與呻吟聲。雙方交鋒的時候，那個膽小鬼少尉小隊長居然扔下了四十幾名部下，急急奔向裝甲列車。他是多麼卑劣，多麼沒有責任心啊！敵人瞄準裝甲列車的門掃射。迫擊炮的炮口也瞄準了列車，小隊長慌慌張張，只考慮到自己的個人安危。列車剛剛啟動，七名工兵也衝到了裝甲列車的入口處，敵軍的子彈集中射在車門上。而這時膽小自私、無情而又愚蠢的小隊長居然"砰"的一聲關上了門。

"小隊長！小隊長！！"七名工兵大聲疾呼，死抓着門不放，但鐵門緊閉，列車全速疾馳起來。在列車的背後，戰友們浴血奮戰，嘶喊聲與呻吟聲不絕於耳。七名工兵大罵小隊長"狗娘養的"，鬆開了緊抓着車門的手。

列車捲起了一股黑煙，把他們扔在身後。他們七人全部趴在地上，尋找着敵人勢力薄弱的地方。他們手裡拿着從架槍處取來的步槍，一邊到處射擊一邊找地方準備突圍。他們看到前方匍匐着三個敵兵。

七名工兵大叫："從那兒突圍！"就揮動着上了刺刀的步槍衝了上去，三個敵兵扔了一個石塊一樣的東西轉身就逃。工兵裡的一人撿起敵兵扔的東西一看，是個鐵製的圓筒，他大叫："混蛋！"就把圓筒投了出去，只聽"轟"的一聲炸起一層泥土。

工兵們聽到那爆炸聲，才知道那就是手榴彈，原來他們還未見過手榴彈呢！正在他們竭盡全力逃命時，一半的戰友已經倒下了，還有一些戰友發出野獸般的怒吼，英勇地與敵人搏鬥，這時有數十個敵人跑來追這七名工兵。在這七個人裡，有一位任分隊長的伍長。他們七人爬過一道土堤時，伍長讓其他六名工兵先逃，自己一個人停下來射擊保護。一人、兩人、三人，敵人應聲而倒，但他們還在不斷逼近。伍長拼死應戰，他早就下了戰死的決心。

當六名逃脫的士兵準備繞過一所房子逃跑時，回頭看見伍長揮動着刺刀，與敵人的青龍刀在激戰，這六名士兵知道自己無法救伍長了。終於數十名敵人揮動着青龍刀向伍長砍去，伍長渾身是血，當即倒地身亡。六名士兵眼睜睜地看着伍長被殺，強忍淚水，繼續逃命。

當六名士兵上氣不接下氣地跑到鐵路守備隊時，他們的小隊長——那個扔下部隊，一個人乘列車逃命的膽小鬼少尉，卻向他們臉上唾着唾沫，大罵起來："你們是吃白飯的嗎？敵人襲擊時，你們連槍也不帶，慌慌張張只顧逃命，根本不應戰，瞧瞧你們這副醜態！用不着你們與總部聯繫，這是我的職責！"

六個人本已筋疲力盡，聽到他的怒吼，心中的憤怒之情更加強烈起來。俗話説"男兒有淚不輕彈"，可是淚水卻從他們眼裡流出來，嘴裡雖然沒有説一句反抗的話，但瞪着上司的眼裡卻燃燒着野獸般的仇恨。他們心中可能在怒吼："小隊長才應該指揮小隊應戰的，不應該扔下隊員，放棄指揮權，一人逃命，要與總部聯繫完全可以命令士兵去幹，你明明是在詭辯，膽小鬼一個！"

接到報告後，警備隊立刻就出發了。但隊員們弄錯了方向，等他們中途折回，趕到襲擊現場時，已不見了敵人的蹤影，附近村子的村民也緊關門戶，各自逃亡去了，在那兒的只有滿地鮮血與痛苦的呻吟聲。

三月十五日

　　距駐地三里左右，有一些零星的村子，我們今天曾經去掃蕩了一次。但無論何時，無論我們怎麼掃蕩，總也抓不到敵軍的殘兵。所謂的掃蕩也就是抓些雞或豬回來，要不就是找姑娘取樂。今天就抓了三隻雞做成素燒雞，大夥兒興致勃勃，酒興高漲，高談闊論。

　　就在我們圍着爐子唱歌的時候，從漆黑的遠處傳來了沉悶的炮聲。緊接着又傳來了第二聲、第三聲、第四聲炮聲。"有敵情！"霎時這個念頭如閃電般在我們腦子裡劃過。

　　戶外，傳令員奔跑在灑滿清輝的彎曲小道上。他大聲催促着："森山隊馬上到聯隊本部集合！"隨即又迅速消失在夜色中，只留下軍靴的"嚓嚓"聲。

　　我們全副武裝朝本部跑去，趕到本部又接到守衛北城門的命令。當我們趕到北城門加強警備時，碰到衛生隊那群混蛋兵抱着各自的用品，連武器也沒帶，慌慌張張從城外跑來，沒有半點軍人的作風。這是一群沉溺酒色、不可救藥的傢伙。他們肯定和以往一樣抱着女人做美夢呢！有很多人赤着腳，這群連鞋子都忘了穿的笨蛋。

　　沒多久，傳來了令人悲憤的消息，並隨之傳來了上級的命令："森山隊第二小隊遭到敵人包圍，正在浴血奮戰，森山隊馬上趕去救援。"

　　中隊長一行聽到這個消息，十分驚愕和悲憤，馬上就行動起來，恨不得能插翅趕去救援。清輝灑在我們身上，大地消失在廣漠的黑暗中。城牆被我們甩在身後，只有道路在我們面前不斷延伸。我竭力壓抑着自己想早些趕去救援的念頭，一言不發，努力與部隊步伐一致，

"嚓嚓嚓"地跑步前進。我們一行懷着悲痛的心情，行走在一輪清月映照的廣闊大地上。我們全副武裝，以備與可憎的敵人拼死一鬥。三輛卡車全速趕上了我們，載着我們狂馳。不知司機是怎麼想的，居然在半路上停下來，嘮叨起來，這時馬上就有人催促道："你說一句話的當兒，就會失去一條珍貴的生命，別嘮叨了，快開吧！"

車子繼續全速疾馳，掀起一陣沙塵。開了二三十分鐘左右，左邊出現了一個村莊。中隊長說："要是村子裡有敵人就糟了。讓我們先射一通再説。"

我們停住車，在車上架起輕機槍對着村莊狂掃一陣。村莊裡只傳來女人和孩子撕心裂肺的慘叫聲，並沒傳來敵軍回擊的槍聲。由此可判斷村子裡沒有敵軍，我們再次啟動了卡車。大約又過了十分鐘，我們到達了目的地潞王墳站，準備開始進攻。

考慮到只留下司機容易出意外，中隊長就讓三名司機把車子停在一邊，隨部隊一同前進。但司機堅持説："我們的武器就是車子，軍人是不能扔掉武器出發的。我們三人要和車子一起留在這兒。"

我們這次只出動了一個重機槍分隊和三十多名步兵，本來沒想到要分散兵力，無奈之下，為保護他們，只好留下四名士兵，其他人開始進攻。這次一同來的號手平時常常口出狂言，愛與人幹架，外表顯得很魯莽。中隊長準備讓他留下來保護司機，但號手考慮到七個人勢單力薄，膽怯起來，死也不願留下。司機雖不是戰鬥員，卻鬥志昂揚；作為步兵的他倒貪生怕死，大家都嘲笑他是個怕死鬼。

這次出動的人不多，為了顯得兵力強一些，我們特意拉開散兵間的距離，向高低起伏的地面橫掃過去。中隊長説，一直這麼往前進的話，就能到車站的裡側了。

雖説白天是春風拂面，北支那的夜晚卻寒冷異常。前進了十到十五分鐘後，中隊長大吼起來："號手，快吹喇叭！通知救援隊來了。他們該有多高興啊！快吹啊！"

號手答道："喇叭沒帶來。""混蛋！號手居然不帶喇叭，那你當甚麼號手！"號手答了一聲："是！"但語調裡似乎帶着一絲辯解的語氣———"這麼慌慌張張的，誰想得到呢！平時不也從沒叫我吹喇叭嘛！"

我們到達一個小山丘。已經前進了幾十分鐘了，但既沒看到敵人的影子，也沒有聽到一聲槍響。"會不會全隊都被殺了？"我們的心被這種沉痛的念頭佔據了。

終於趕到守備隊的崗位。小隊長荒井少尉等八人分別受了輕傷、重傷，一名士兵戰死了，而敵人早高唱着凱歌撤走了。

今晚又有人付出了寶貴的生命。月亮的清輝冷冷地灑向大地，廣漠的大地凍結在冰冷的月光下了。

我們為了防止敵人來襲，挖了散兵壕，並蹲在壕裡守衛。夜色更深，不知何時起，覺得肚子餓了。野狗在黑暗的遠處吠叫。我們豎耳傾聽着風聲、狗叫聲，等候着敵人。但直到東方泛白，他們也沒出現。這一夜可真長呀！我心裡的石頭總算落了地，深深地歎了口氣，呼出的氣似乎都要凍成冰了。

他們是一群無辜而又善良的農民

三月十六日

陽光從地平線上灑向天空，村民們還在酣睡中。這時我們重新列隊去村莊掃蕩。我們的隊伍向村莊開去。

村莊裡有一片樹林。樹林、房子和人好像都沉浸在熟睡中。用重機槍堵住退路後，我們進入村莊。村民們驚慌失措起來，左右逃竄。

中隊長下了命令："逃跑者格殺勿論，沒逃者帶走審訊！"

拂曉時分，突然響起了槍聲，夜似乎也被驚醒了，樹林和村子陷入一片恐慌之中。我們挨家挨户地掃蕩，看到甚麼砸甚麼。在村子邊上的壕溝裡，有十二三名婦女和孩子嚇得篩糠似的發抖。她們都把臉伏在地上，為那場即將降臨到她們身上的災難而渾身顫抖，猶如看到恐怖的地獄一般。

農民們汗流滿面、沒日沒夜地勞作，但到頭來苛捐雜稅和麥子的歉收總把他們壓得直不起腰來，農民們就是這樣世世代代過着這種毫無希望的貧窮日子。而現在，可憐的她們又要經歷野獸般的戰爭，她們被死亡和地獄嚇得驚慌失措、痛哭不止。

已經有一個少年被殺了，一個老婆婆抱着屍體，把自己的頭靠在屍體上放聲慟哭。少年毫無血色的臉被仰放在老太太的膝蓋上，無力地垂掛下來。老太太骨節粗大、滿是皺紋的大手沾上了鮮血，她就用這手輕輕撫摸着少年的臉，失神地盯着少年毫無表情的面容，痛哭流涕。

她們是昨晚起就待在這兒的，還是看到我們進村後才逃到這兒的？在這麼危急的時刻，她們居然都抱着被子，難道被子對她們來說當真這麼重要？

有人把槍口瞄準了她們，我猛然制止道："她們都是些女人，並不想逃跑，不要殺她們！"女人和孩子是無辜的，沒有理由去射殺這些善良的人們。

六個年長的農民被帶了過來。他們跪伏在地上請求
饒命。但沒有人理會他們的祈求,只聽"呀"的一聲,士
兵的刺刀刺向其中一人。那人應聲倒地。其他五人更是
驚慌不已,一邊本能地大叫:"大人!大人!"一邊抱拳
叩頭不止。

　　被刺倒的人痛苦地掙扎,手指在地上到處亂抓,一
會兒,又被刺了一刀,他被刺了兩刀後就死去了。只聽
見"呀!呀!"的喊叫聲在空中迴蕩,頓時地上傳來一陣
呻吟聲,過後,六個人全都被殺了,他們都是老人。

　　吐血聲、憤怒的呻吟聲和殺人時發出的喊叫聲全部
消失了,只剩下蜷曲的屍體和鮮血在朝陽中閃耀。他們
不是殘敵,而是些善良的老人。僅僅因為他們沒有向我
們通報殘敵會來進攻,或是因為他們可能暗地裡與敵軍
串通一氣,再就是因為我們的戰友被他們的同類殺傷了
而無處發泄,所以他們就遭到了滅頂之災。

　　他們是一群無辜而又善良的農民,他們跪在地上哀
求饒命。面對這樣一群人,我是無法舉起刺刀的,但有
的士兵卻毫無顧忌地揮刀砍去。

　　是不是他們是勇敢的士兵,而我這樣的人就是膽小
鬼呢?如果他們現在處的不是一個沒有生命危險,而是
一個面臨死亡的時刻,也能像現在這麼勇敢嗎?

　　難道我們不應該稱這種人為殘忍的人嗎?

　　殘忍和勇敢是截然不同的。

　　殘忍而勇敢的人——西洋就有這類人。

　　殘忍而膽小的人——就像支那人。

　　正義而又勇敢的人——就像日本人。

　　難道他們是堅強的人,而我是怯懦者嗎?

　　重機槍瞄準那些四處逃散的農民,"嗒嗒嗒"地掃射

着，很多農民被射倒了。我們殺的都是些年邁體弱而無法逃跑的農民。

　　不一會兒，一輪又大又紅的太陽從遠處的地平線上升起來了。燦爛的朝陽照耀在挺拔的白樺林間。遠處的村莊和近處的樹林裡都升起了幾縷炊煙。炊煙在陽光下裊裊升起，這是在做早飯吧！狗停止了吠叫，槍聲也停

▲ 日軍焚燒中國民宅

了，女人們的慟哭聲沒有了，死的呻吟和詛咒也消失了，早晨來到了。

血染的大地上只有約三寸高的小麥，綠油油的一片，無邊無垠。這麼一大片麥田，以後將會由誰來耕種呢？

原來第二小隊擔任潞王墳站的警備力量後，首先就設立了治安維持會。潞王墳站本來有一個郵局局長的，小隊一到車站，他就嚇得逃命去了，過了幾天後才找到局長，並把他召了回來，同時召集各村莊的村長，成立了治安維持會，由局長擔任會長。

郵局局長把他的家人全部帶了回來，回到他們原來的房子裡，開始擔任起維持會長的職務來，村長們幾乎每天都要送來雞蛋、雞、蔬菜等東西。

就在這種和平的環境下，敵軍的間諜身着便衣，混在農民中進進出出，把我們的兵力、武器和警備狀況摸得一清二楚。

有一天，郵局局長出門之後就沒回來，幾乎每天都來的村長們也不見了蹤影。局長過了一天也沒回來。他的妻子和老母親也走了，只剩下一個十八九歲的兒子和一個十歲左右的兒子。

警備隊員開始擔心會不會發生變故。

敵人在調查過襲擊目標與兵力狀況之後，伺機待發。在局長突然失蹤後的第二天晚上十點左右，從山的那邊傳來了類似嗩吶的喇叭聲。

敵人夜襲了！警備隊員們馬上一躍而起，在院子裡集合。一顆手榴彈越過屋頂落在他們集合的地方。手榴彈就在他們的腳下爆炸了，導致數名士兵死傷。警備隊員們爬上屋頂，拿起機關槍掃射。

但這場交鋒以警備隊的失敗告終。敵人出其不意地前來襲擊，恣意破壞一番後，閃電般迅速撤退了。敵方沒有受傷，而我方有人負傷了。

荒井第二小隊就是這樣受到敵人的襲擊，導致有人受傷，有人死亡。

三月十七日

從彰德傳來了消息："我軍以三十八聯隊的一個大隊為主力，對一萬五千名兵力的敵軍展開進攻。敵軍可能會從鐵路方面逃跑，因此要加強警戒。"

鑒於現在的駐紮地不利於警備，我們從局長家搬到了鐵路工作人員的宿舍裡。

我被指派為偵察員，去附近的村莊偵察情況。當我來到昨天遭殘殺的村莊時，只見有五個年過花甲的老爺子和五個老太太，以及一個孩子，蜷縮在陽光下，似乎被悲傷擊垮了。年輕人被征入伍，壯年漢子被殘殺，只剩下這些人了。他們遭受的打擊，使他們再也不信神靈和宗教，他們呆滯的目光裡沒有一絲生氣。

因為要建防衛工程，我們決定把五個滿臉皺紋的老頭帶回部隊。當我們帶走他們時，那些老婆婆只是滿臉哀傷地與老頭們告別，不哭不鬧，並沒有苦苦哀求我們高抬貴手，她們的眼中傾瀉出的是悲傷絕望，因為她們知道這是她們無法抗拒的。

我們全力以赴趕建工程，佈上鐵絲網，挖戰壕，掀翻那些沒用的房子。從四處找來的苦力一共有十六個，他們白天幹活，修防衛工程，晚上雙手便被綁在背後，關在車站的地下室裡。天一亮，綁在他們手上的繩子就被解開，而代之以十字鎬和鐵鍬。

這群無辜而可憐的農民，他們長期以來飽受軍閥的壓榨，過着艱難的日子。麥子收成又不好，農民們就這樣代代過着貧困、可悲的日子。而今他們又要為戰爭帶來的橫禍而痛哭。

這些背運的人啊，他們該想甚麼，又該恨甚麼，該詛咒甚麼呢？更何況他們每天一完工就要被關在地下室裡。

▲ 日軍的宣傳海報，稱自己的侵略是"實現中國人的王道樂土"。

三月十八日

又傳來新情報："三萬五千名學生軍計劃橫渡黃河，進攻新鄉。"

我們都變得神經過敏起來。

"在前方的山頂上，有兩三個像是哨兵的人在走動。"傍晚時分，我軍的哨兵報告道。

是不是馬上就要開始戰鬥了？我們做好準備，以便隨時應戰。這時哨兵又來報告："在東面的村子裡，有十幾個人像是在挖戰壕。"

我們一起出門察看。的確有十幾個人在挖坑，是敵人嗎？這時，不知是誰說了一句："他們是在為前一陣被我們殺的人挖墳墓吧！"這倒有可能。那就是前一陣遭殘殺的村莊。但小隊長還是命令道："打一發擲彈筒看看！"

"距離六百五十。"

“預備……”

“嗵！”擲彈射了過去，“轟隆”一聲炸開了花，挖坑的十幾個人頓時四處逃遁，消失得無影無蹤，我們就像放鞭炮驚嚇路人的孩子一般，高高興興地笑着走回室內。

就在我們吃晚飯時，哨兵又跑來報告：“剛剛挖坑的村莊裡升起了火，可能是敵人進攻的信號。”

情報不斷傳來。

小隊長召來各分隊長，要大家做好應戰準備，而且命令今晚要穿着軍裝睡覺。

“這些混蛋果真要來了！”我們心頭絲毫不敢有半點鬆懈，躺下等待，但那個晚上甚麼事也沒發生。

我們宿舍裡有兩個少年。一個是昨天徵用來的，另一個就是郵局局長家那個年幼些的兒子，我們昵稱他們為太郎、次郎。局長的兒子是太郎。

太郎就像受傷的麻雀一般，滿臉哀傷與憂鬱，毫無生氣。他本該和他哥哥一起被殺的。但念及他年齡幼小，就沒殺他。我們認為郵局局長在與敵人內外勾結，這個代價便是他兒子的慘死。

太郎是眼睜睜地看着他的哥哥被殺的。自從看到親骨肉在自己眼前血漿迸飛、悲慘死去之後，他就失去了生氣，被悲傷擊垮了。

我們很想讓這個可憐的少年恢復生氣，就盡量待他和藹一些。我們讓這兩個少年在我們床鋪底下鋪上草蓆睡覺，然後就等待着敵人的進攻。

沒多久，天亮了，太陽像平時一樣升上地面。

虐殺和人道

三月二十四日

這一天風和日麗，碧空萬里。我們為這萬物復蘇的春天而歡歌。

防衛工程已經完成了。工程結束之時，就是這些一直順從勞作的十六個苦力上西天之日。

小隊長村下少尉就是否殺他們一事，召集我們討論。我認為不該殺這群可憐的老年人，當然裡面也有壯年男子。他們都是農民，不是敵人。他們一直很馴服地勞動，沒有半點反抗之意，把我們的意志當成他們自己的意志。我主張應該釋放這些人。

"但是，東君，"小隊長停頓了一下，繼續道，"萬一他們去敵人那兒告密可怎麼辦？他們建造了我們的陣地呀！"

"那就只有決戰到底了。我可不會退卻。我不認為有甚麼大不了的。就憑他們那群殘兵敗將，成不了大氣候的。"

"我可不能這樣幹。我是隊長，我得保住大家的命，也不能讓任何一個部下負傷。"

"他們都是些善良的農民，而且幹活很賣力，很聽話，他們可沒有半點反抗。我認為不能殺這些人。這樣做不人道。"

"難道戰爭中還有人道可言？"

"戰爭中果真沒有人道嗎？"

"心裡想着人道，還能去打仗嗎？"

"我認為即使在戰爭期間，有的時候也還是必須講人道的，當然並不是指任何時候。"

"你説的人道就是同情心嗎？"

"不，講人道不僅僅就是有同情心，我只知道字典上寫的定義是：人所應遵循的道義。我不了解其他的哲學含義。我通過戰爭，嘗試考慮人道這個問題，但怎麼都弄不懂。我現在正為虐殺和人道這兩個定義而煩惱。我認為自己還是能分清人道之外的、戰爭期間士兵所應遵循的軍之道。我揮刀砍殺敵人時不會有半點猶豫。但去殺這些農民，這些安分幹活的人時，還是應該考慮考慮。我無法從哲學的角度來説明人道這個問題，但我感到不應該殺他們。"

"你能證明他們都是些善良的農民嗎？"

"他們肯定是農民，要是敵兵的話，那天早上就不會待在村子裡了。"

"這話就説得太武斷了。我也並不認為他們全是殘敵。但萬一這裡面混了一個敵人，那事態可就嚴重了。而我們又無法找出這個敵人，我們小隊裡沒人會説支那話。釋放他們就意味着敵軍的來襲。還是要殺！可能你會同情他們。我真弄不懂你怎麼會同情他們的。沒想到你的本質中還有這一面。但無論如何要殺。"

"但是……"

"沒有甚麼'但是'，我們是不會去愛敵人的。愛敵人就是恨自己的部隊。作為小隊長，我不能讓自己手下的任何人受傷。"

我心中很不同意，甚至反感小隊長的作為。我真心地希望他們能獲得釋放，幾次為他們求情。要是我也是他們其中一員的話，那該是一件多麼悲慘的事啊！

無辜的家人被虐殺，自己的房子也被毀壞了，現在被強制押來做苦役，到頭來還是要被砍頭。

"我跟你們的敵人和你們的軍隊沒有半點關係。我只是揮動鐵鍬、終生以土地為生的農民。我與戰爭沒有任何關係，靠天吃飯，一直與土地打交道。為甚麼我要面臨這種妻離子散、家破人亡的災難，還要搭上自己的老命呢？這也太殘酷了，這不是一種罪惡嗎？"

"我只是一個農民，沒有學識，甚麼都不懂。這塊土地仁慈地養育了我。但同是這塊土地上的人現在要把我這條老命也索去。我沒做過任何壞事。我的老婆、兒子、孫子也都是無辜的。為甚麼要讓我們慘遭這種厄運呢？這實在是太不人道了，總會遭報應的！"

他們一定會在心中這樣默默唸叨，一想到這裡，我就感到一種由衷的同情。

十六個人被從地下室帶出來，他們的脖子都被套在一根繩子上。往他們脖子上繫繩子時，荒山上等兵滿懷惡意地又踢又打。

"喂！都要死的人了，不要這麼粗暴對待他們嘛！"我說道。

"他們不老實！"他說完打得更帶勁了。他好像覺得在眾人面前採取這樣的舉動會顯得更勇敢。

這些苦力中除了兩三個四十歲左右的壯年之外，幾乎全是年過五十的老年人。最後帶出來的一個是看上去已年過七十，步履蹣跚的矮小老人。

我又禁不住想，為甚麼一定要殺他們呢？他們身上有哪一點看起來像個敵兵呢？

"小隊長，能不能只殺年輕的，留下這些老頭子呢？"我說道。但小隊長卻答道："這些支那人殺了我們的士兵，沒有必要救他們。"

我望着被排成一列的支那人的臉。他們的臉上滿是緊張與痛苦。他們沒有哼一聲，也沒説半句話，只是高昂着脖子，怒瞪的雙眼像猛獸的獠牙一般鋭利。他們從沒想到會被砍頭，直到脖子上套起了繩子，才意識到死神離他們不遠了。

不知為甚麼，從左邊數第四個老人總讓我想起我的父親。他臉頰下凹，有些禿頂，幾條皺紋分成左右兩邊長長地延伸。嘴巴不大，下巴有點翹，上面長滿了鬍子。顴骨向外凸，但臉部很瘦，他的面容有點像我年邁的父親。這樣一想，就愈發覺得他可憐。兩天前，我給了這個老人兩盒煙。今天我本想在他臨終前再給他一支，誰知他從懷裡取出了前幾天我給他的煙。我擦了火柴想給他點着，他卻滿臉憤怒，把煙給扔了出去。只要是日本兵給的，哪怕一支煙，他都不願接受。

我看看自己手中燃滅的火柴梗，又看看他的臉，沒有作聲。我能理解他此刻的心情，我不會因他採取這種態度而恨他。雖然平時奴役他幹苦力活，但因為他與我父親很像，讓我恨不起他來。我突然有一種衝動，想從刀下救出這個老人。

我叫了起來：“不要殺這個老人！”

這時，川土、木下、竹間、荒山這群混蛋——在我看來他們就是一群混蛋——齊聲反對。

無奈之下，我沮喪地回到了房間，但當我從窗口看到十六個人像被拉往屠宰場的羔羊一般慢慢向前挪步時，又感到一種無法抗拒的衝動，就衝出房間追了上去。川土、竹間、木下、荒山這些士兵就像趕着小羊的狼一般，得意非凡。他們就像耐不住飢餓的惡狼會時不時去舔舔小羊的腿一般，一會兒甩着鞭子抽，一會兒掄起棍子用力往他們背上打去，一會兒用腳踢，一會兒又像訓一條狗一般大聲斥責。

那些可憐的老人，時而被踢得滾在地上，時而被打得彎下腰，時而被推得東倒西歪。他們四個士兵好像在炫耀誰更兇狠，誰更毒辣。我對他們沒有半點好感。他們覺得惡狼撲向小羊是天經地義的事，從他們的態度裡看不出一絲罪惡感和良心的譴責。

在殘酷的戰場上，良心和道德應該以甚麼形式出現呢？

越過鐵路後，被繩子綁在一起的老人們跪伏在地上，悲痛地哭了起來，不斷地叩頭請求饒命。

我心中暗想：這就對了，哀求他們饒命，只要能勾起他們一點惻隱之心就好辦了。

沒想到荒山用堅硬的鞋尖踢這些跪在地上的人，還舉起棒子，像打一條狗掄了過去。

他們的臉被打腫了，鮮血滲了出來；衣服被打裂了，從破衣裳中，只見他們的腿上也流着血。即便如此，他們還是拼命地叫着："大人！大人！"一邊哀求一邊跪拜。

他們被踢得滾在地上，又被拉着脖子站起來，踉踉蹌蹌地向前邁步。

我憤怒地吼叫起來："荒山！"就動手去解套在那個長相酷似我父親的老人脖子上的繩子。竹間厲聲制止，但我還是不顧一切地解繩子，這時，荒山、川土、木下等一齊大聲叫起來："東君！快住手！快住手！"

我也不甘示弱："不能殺這樣的人，他們太可憐了。"

"這也可憐，那也可憐，那就一個都不殺了。"他們四人叫道。

"那就把他們全放了，不就完了嗎！我看你們是害怕敵人的夜襲吧！混蛋！"我回答道。

但我沒有堅持下去，回到了自己的房間裡。最終一個人也沒能救成。我被一種寂寥的感覺緊緊包圍。我開始試着反省："難道像我這樣的人是一個膽小鬼嗎？"

我重新回顧了一下自己的戰鬥經歷，我想我能堂堂正正地申明，自己從來沒有膽怯過、退縮過，也從沒有幹過愧對良心的事。

不管是甚麼戰鬥，我從未從後面偷襲過別人，也從未從戰場上開溜過，我是不怕打仗的。我想我可以毫不誇張地說，敵人來侵襲，我是絕不會有半點膽怯之意的。這並不是盲目自信，也不是自吹自擂。

五、台兒莊戰役

四月二十一日

徐州仍未攻下——這一點我們真想像不到。都以為徐州已經失陷，因為很久以前就開始攻打徐州了。

但就是這個徐州，據說仍未攻克。而且聽說友軍正在持續奮戰，我們的部隊必須趕去支援他們。

下午七點，我們又坐上了悶罐車。兩小時後列車開動了，在黑暗的大地上疾馳。天亮後，一望無際的麥田躍入我們的眼簾。燦爛、豐饒而安寧的麥田裡站着農夫，沒有一點戰爭的影子。這和我們威風凜凜地全副武裝、東奔西走的樣子頗不協調。

生死由命

四月二十二日

晚九點，抵達長辛店。晚十一點發車，列車又在黑夜裡飛奔，於二十三日早晨六點半抵達天津。列車一直停到中午，然後沿津浦線南下。其中經過獨流鎮站，這是我難以忘懷的地名。昭和十二年（1937 年）夏，第一次上前線到的就是這一站。我們的列車於第五日凌晨一點抵達黃河。敵人將大橋破壞後逃走了，我方正在夜以繼日地進行修架。這裡宛如大城市的夜晚亮着無數的電燈，燈火輝煌，從遠處看去，誰都會以為這是個大城市。

列車在沙地上停下了。地上就像下了一場大雪，蓋

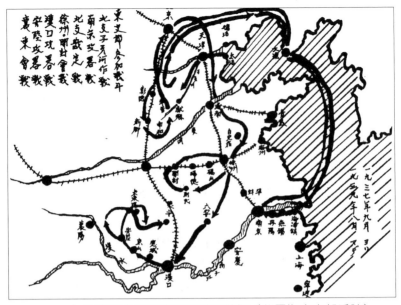

▲ 東史郎參加過的主要侵略戰役（此圖為東史郎手跡）

了一層足有一尺厚的細沙，鞋子"咯吱咯吱"地往下沉。

　　起重機和錘子發出巨響。苦力們拖着疲憊不堪的身體，有的在沙地上，有的在水泥背後，有的在木材旁邊，迷迷糊糊地打盹休息。

　　原先綿延不斷的長橋已被毀，成了一截一截的。踩着沙往前走，經過一座寬約一間的臨時浮橋，橋上燈火通明，好似張燈結綵一般，上面豎着"黃河兵站橋"的牌子。黃河水晚上看上去也是那麼昏黃混濁，據說一升黃河水裡竟含四合泥。

　　濁流被壓彎墜落的鐵橋和棧橋遮擋後，帶着水聲急流而去。浪尖在燈光下閃着銀光，沒入黑夜之中，這情景就恍如眺望大阪的道頓堀（大阪市區最繁華的地方）一般。我想算算黃河的河寬，便記下了過橋的步數。共八百步長。過了黃河，再稍往前，有一片寬闊的水窪，蘑菇叢生，青蛙歡鳴。蛙鳴聲給人一種意味深長的感覺。

我們再次坐上火車，一路南下。

津浦線與平漢線相比，可以看出文化方面的長足進步。

津浦線沿線的人家稍許開放些，窗子之類的也都對外開着。平漢線沿線的居民，則一家家都像害怕外來襲擊似的，把門關得緊緊的，連窗子也不對外開，而且每戶都高壘圍牆，以防敵人入侵。津浦線的車站，就連蕭索的鄉村小站，建得也比內地的農村車站氣派得多。

沿津浦線南下，眺望窗外，到黃河為止的風景就像是一片泥土堆成的汪洋大海，其間還有很多濕地。一望千里的遠方，甚至與天邊相連的盡頭，沒有樹林和村莊，風景線裡是一片土，除了土還是土，只偶爾能看到一棵小樹或是少量的草。

很快便是一片寸草不生、荒土遍地的大平原，一直遠接雲彩，消失在天邊。我覺得一過黃河，地形和文化都在變化。黃河以南比黃河以北更進步，沒有濕地，田地耕種仔細，樹木和雜草都跟內地的平原沒甚麼兩樣。彰德一帶天很熱，我們都只穿了夏裝，可經過天津附近時便有點冷，就又套上外套，但隨着南下，漸漸地又熱了起來。

我們的列車鬼趕着似的疾馳。我們福知山的新兵和預備兵在泰安駐守。我最親愛的弟弟也在這裡吧！我們錯身而過，感受着對鄉親無以言表的衷情，彼此大聲呼喚着別離而去。

"台兒莊戰鬥激烈，要小心啊！"他們從站台追過來，提醒着，呼喊着。

"謝謝。我們一定加油！"我們在車上招手，心中滿是惜別之情。

▲ 戰時東史郎與弟相遇時合照

目標徐州，目標徐州，列車飛奔。

長長的一串列車從前線開回來了。呀，車上滿載着傷員：穿白衣的，頭上紮繃帶的，吊掛着膀子的，腳綁着繃帶的，蒼白得面無血色的。這是輛傷員列車。

"為我們報仇啊！"他們恨恨不已地吼着。

"怎麼個情形？他們拼命頑抗嗎？"

"夠厲害的。"

"不是說有五六十門炮嗎？不是說有帆布水桶那麼大的、還有爐子那麼大的炮彈會像機關槍似的飛過來嗎？據說還有鐵桶那麼大的炮彈飛落下來。他們有很多這麼厲害的炮嗎？這麼說可能有點誇張吧？"

"那麼說嘛有點誇張了，不過十五厘米、二十厘米左右的傢伙是會掉下來的。估計兩三門是有的。其餘是野戰炮和迫擊炮，迫擊炮像是有二三十門。剛開始我們還以為二十厘米的炮是要塞炮呢。後來發現，我們往後退時，炮也跟着往後射過來，所以好像是個移動的傢伙。一個中隊有三十個左右的人進攻呢！"

"給打得夠嗆嗎？"

"嗯，相當厲害。現在是兩個師團在打，實際上只有一個半師團，因為人愈來愈少了。也沒甚麼大不了的，只是要給炮彈打中可就慘不忍睹了。"

"進攻的兵力不會太少吧？"

"唔，足夠了。與其擠成一團去進攻，倒不如人少的好。人少一點，奮戰一場就行了，而且損失也少。不過，你們去幫忙可太棒了！多保重，好好打！"

"噢，我們一定好好幹！謝謝啦！也祝你們早日康復！"

就在炮兵特務曹長和傷兵們高聲跟我們說話的時候，列車相錯而過，終於消失了。運載傷員的列車鳴叫着消失在後方。我們的列車徑直將我們運往炮火交叉的戰場。戰爭、死、血，諸如此類的字眼浮現在我的腦海中。

到了晚上列車仍奔馳不息，悶罐車棚上奔拉着光線昏暗的油燈。車廂裡塞得比沙丁魚罐頭還擠，士兵們躺也不能躺，只能縮成一團，促膝擠腳地打打盹。昏暗的燈光下，現出石菩薩般排列的士兵，樣子十分憂鬱。鞋子、雜品袋、防毒面具和水壺等等晃悠悠地從車頂奔拉下來。車角的暗影裡，煙頭的火光螢火般若明若暗。是不是有人睡不着覺，抽着煙在想他的女朋友？

耳中全是疾馳的列車摩擦鐵軌的聲音。

搖搖晃晃露着昏暗亮光的油燈，也許是沒油了，火愈來愈弱，光線範圍不斷縮小，變得只能隱約看到油燈周圍。我抱着臂，叼着煙望着油燈。油燈的生命再有幾分鐘就要結束了。我的生命可能也只有幾天就要結束。很快，只剩下油燈的燈芯閃着炭火般的紅光，在漆黑的車廂裡微微發亮。油燈漫長而依依不捨的生命終於停止，永遠消失了。漆黑一片。真的就像墨一般黑。我掐掉香煙，閉上眼睛，可是卻睡不着。

母親、父親、故鄉、過去，一切就像走馬燈似的在我腦中盤旋。油然回想起同某女度過的快樂時光，心裡不由飄飄然起來，真想再次回到兩個人的快樂世界。正想着，忽然又與自己正上前線的現實相撞了。

今天，傷員被送回來，我們則要奔赴炮彈正跳着死亡之舞的前線。而且，也許會像白天見到的那些人一樣，頭上、手上、腿上纏着繃帶給送回來，又或許會吐血死掉。我們的眼前正展開着你死我活的激烈搏鬥。

有生之物總有一天會死，有形之物總有一天會遭到破壞。對此我雖然理解，但參戰之前在感情上覺得這是很遙遠的事，現在卻感到切切實實威脅到了自身。所謂去打仗，就跟去送死一樣。

我堅信生死由命。如果神覺得我這種人不活為好，便會殺死我吧？如果他不願意，覺得讓我活下來能起甚麼作用，那就會讓我活下來的吧？我的命是神的自由，而且我只能對神惟命是從。

未覺一點不安，也未覺任何恐怖。

是的，生死皆命。所謂命運，是擁有生殺予奪大權的神奇力量。我雖然無法解釋它，但只要相信就夠了。

心無所依，便不踏實。試着考慮一下自己的未來，也不覺得會有甚麼特別的璀璨，但還是希望能活下去。我想再稍許體味一下生，生帶着甜香撲來。

我若為神所愛，那麼無論甚麼情況下都會讓我活下去的吧！

總而言之，還是下定決心痛痛快快幹一場，就等待神的旨意吧。

列車"哐咚哐咚"地飛速前進，只有鐵軌的碾軋聲傳入耳中。

車廂裡漆黑一片。甚麼也別想了，睡覺吧。

四月二十六日

下午兩點到了棗莊。從這裡開始進攻。我們先短期休整幾天，棗莊已駐有第十師團和第五師團司令部，沒有我們住的房子了，只得在附近骯髒的街角宿營。

在井旁遇到了同鄉裕二君。

"你在哪個中隊？"

"在五中隊。"他一邊打水，一邊朗聲答道。

"這次好像挺厲害的吧？"

"好像第十師團和第五師團都損失慘重。"

"好像是啊。"

"不是說你們中隊也慘不忍睹嗎？我們中隊自中隊長被打死後就幾乎沒上過前線。"他說完，趕緊淘起米來。

我們中隊的死傷人數加起來已經過百，今後還會有人流血。

"已經到這時候了，身體要緊，所以最好當點心啊！"他斷斷續續地說道。

"身體要緊"，這句話個個都說，從裕二君嘴裡說出的也是這句話。

我從來沒這麼想過。我已經想開了，認為一切都是命。戰鬥中到底怎樣才能做到保重身體呢？雖說實戰中是否衝在前、是否勇敢戰鬥對平安與否有很大影響，但子彈並不長眼，不一定不前進的就能活，前進的就得死。一切都只能聽天由命。

難道不知道麼？子彈這東西，再沒比它更變化無常的了。有人躲在戰壕裡卻還死了，也有人置身於槍林彈雨之中卻一次也沒中彈，至今仍在戰鬥。這麼無常的子彈叫我怎麼躲呢？要有這種技術，真希望能教教我。

我也想活下去，不想死。但我從沒一邊想着"身體要緊"，一邊去打仗。抱着那種心情根本就打不了仗。

説不定他們以為生死能隨心所欲呢。活下來的人當中——雖然沒人知道具體是哪個，但誰都以為自己或許會活下去的——明天又有人渾身是血地死去。想到這一點，是多麼淒涼啊！若想到撞上這霉運的説不定就是我自己，心裡便會塞滿無以言表的悲哀。

沒有人想死。

但是，不去想這個"身體要緊"倒是真的。我一次也沒想過"身體要緊"。

"人不可貌相"，完全正確，一點不錯。我們常會感歎：這麼老實的人怎麼會採取那麼勇敢的行動！也常會寒心不已：看上去如此意氣風發的似乎很厲害的人怎麼會做出那麼膽小的事！

光從外表看，人的價值無法估量。人的真正價值，由緊急情況下所採取的行為來決定。惟有關鍵時刻採取的行動才決定此人的價值。

從未有過如此淒慘的境遇

四月二十七日

傳聞第十師團和第五師團在台兒莊的作戰非常艱苦，時退時進。我們還從未退卻過，覺得退卻好像是支那軍的專利似的。哪怕只是一部分日軍退卻，也覺得實在難以置信。傳聞説是敵人把第十、第五師團當殘兵敗將看待。日軍被支那兵當殘兵敗將看待——這究竟是怎麼回事！真讓人憤憤難平。

但又有傳聞說，第十師團和第五師團的師團長拒絕我們的支援，聲稱要靠自己的力量漂亮地拿下徐州給我們看，不需要第十六師團的支援。我們可能要在棗莊這裡待命。

或許我也要在這次戰鬥中負傷，也可能會飲彈而亡。要是我死了，若能為我供上一合酒，彈彈三味弦，唱唱民謠，我會很高興的。我會在地下嗅着酒香，聽着民謠，回憶起一邊燒篝火一邊席地而坐快樂地唱着民謠的戰場。對沒有任何樂趣的我們來說，星光閃耀的夜晚，在野外的麥田裡，一邊將難得到手的酒借篝火烤溫，一邊圍圈而坐，忘卻一切，忘卻明天的生命安危，只開懷暢飲，恣意歌唱，惟有此才是我們至高無上的快樂。人們總是明天明天的，將所有的希望和幸福都寄託在明天，如此興沖沖地送走每一個日子。其實如果明天的期望不能如期實現，也不必太在意，它只是個跟逝去的昨天沒有任何區別的平凡的明天。不僅如此，所期待的明天其實是一天天步入老境、走近死亡的日子。這一點倒很少有人考慮到。

地方上仍保留着對明天甚為渺茫的期待，但戰場上連對明天這種渺茫的期待也沒有。不指望明天會有甚麼樂趣和喜悦。

風兒吹拂，篝火映照，忘掉戰爭，飲酒歌唱——這就算是難得的樂趣了。

岡土三四郎説過，感傷中才存在着戰場真實的形象。但這種感傷卻不是女人氣的感傷。

五月二日

傳言四起，説是台兒莊攻擊戰中，第十師團被李宗仁麾下的官兵當作殘兵敗將對待。

說是第十師團接連不斷出現死傷人員，已是一副傷痕纍纍的情形了。

"十師團的做法是零星使用少量兵力，恰如窮人家的吝嗇用法。"熊野在團團圍坐的對面開口道。

"是啊！說到底這不是大部隊的做法，而跟小部隊一樣。所以我想反覆出擊多少次，也都要被殲滅，自然要被當作殘兵敗將了。不知板垣征四郎閣下作何感想？"野口一邊敲着徵用的支那煙斗，一邊像師部參謀似的附和道。

畢業於東北大學的瀧口鏗鏘有力地插嘴道："不過嘛，聽俘虜說，對大野部隊的強大、可怕等說法他們早就聽說了。"他加重了語氣，很知情似的說道："從棗莊開始的行動他們也都清楚。而且，據說這傢伙的日記上寫着十師團的〇〇（原文就是打了兩個圈）部隊不足為懼。反正十師團在山西省好像也給打得很慘吧！敵人甚至連勸降傳單都散了。俘虜說他們有相當於兩個師團的兵力在這一帶打，說是一個師團大約有五門迫擊炮和五門野戰炮。"

"可你知道的，十師團的師團長不是說他們不要支援，頑固拒絕我們的支援嗎？"

"理當如此啊！"

就在這時，"哐！"敲破鐘似的聲音在近旁震徹我們的耳底。我們趕緊臥倒在地，腦子裡"嗡"的一聲，嚇得魂飛魄散。迫擊炮彈就落在離我們兩間的前方。炮彈穿通屋頂，在隔壁房間裡爆炸了。塵煙彌漫了整個房間，硝煙味刺鼻，爆炸之後，我們才慌忙逃竄。敵人的炮擊從前天開始進入白熱化。這裡離敵陣只有一千米左右，可能炮兵陣地就在其後方某處，彈藥補充得很充分吧，敵方炮兵毫不吝惜地持續對我們進行炮擊。

友軍的野戰炮在麥田裡拉開陣勢迎戰。

作為炮兵之眼的觀測班，位於平坦麥田裡一塊孤零零的隆起如瘤的台地上。台地上有個廟。

這裡可能是從前埋葬貴人的地方。台地上的觀察所多次遭到敵軍炮火的猛烈轟擊。他們那裡正是很好的射擊目標。台地上的廟這會兒也因炮擊而毀壞了大部分，磚頭瓦塊遍地散落。

雙方炮兵間的交戰一直持續着。

某日下午，石橋中尉指揮的五中隊奉命佔領某村，他們進行了果敢的突擊。

石橋中隊長帶領一小隊在平坦的麥田裡前進，大樹掩映的村莊裡，敵人正屏息凝神地嚴陣以待。石橋中隊忽而在麥田裡爬行，忽而快跑一段，接近了敵人。村莊前面有三四塊墓地。墓地坐落在麥田裡，樣子就像個饅頭堆，正是絕好的掩蔽物。

石橋中隊一米、兩米地勇敢前進，就要靠近墓地了。這時，一直悄無聲息的敵人突然發動所有火力，敵彈宛如暴風雨般飛到石橋中隊的身上，就像求血心切的魔鬼一般，敵彈接連不斷地吮吸着鮮血。突擊隊員們在麥田裡拼命奔跑，總算到了墓地。可他們剛到墓地，手榴彈就在腳下爆炸了，幾個人一下子就在痛苦中死去。每塊墓地都是一樣，橫七豎八地躺着死屍。原來敵人預計到我軍進攻時肯定會利用墓地，便在那裡放了成捆的手榴彈，上面繫上長線，一直牽到自己的陣地，等突擊兵一到，便拉線爆炸。

石橋中隊完全落進了敵人設置的圈套。

如今失去了掩身之處的突擊隊試圖一舉衝進二十米前方的敵陣，遺憾的是，敵陣前面挖了一道雖不寬卻貯滿了水的小河，擋住了他們勇敢的衝鋒。在他們咬牙切齒、東奔西跑的過程中，兩個、三個、四個、五個……一個個在小河前含恨而死，幾乎全被送進了地獄。石橋中隊長也悲慘地死去，就這樣，第一次突擊以徹底失敗而告終。第二次由三小隊突擊，友軍的炮兵進行了掩護射擊，但第二次突擊也在全軍覆沒的悲慘命運中失敗了。現在已經知道白天突擊是不可能的了，便決定夜間奇襲。到了晚上，活下來的突擊兵們趁着夜色把戰友的屍體扛了回來。二小隊趁着夜色收容了包括中隊長在內的幾十名陣亡者的屍體，但還有五六人的屍體不知是被炮彈炸飛了，還是被敵人搶去了，沒能找到。

這樣，五中隊人數急劇減少，縮編後僅成了一個小隊。僅一次突擊便蒙受如此巨大的損失，而且是以失敗告終。迄今為止我們記憶中還從未有過如此淒慘的境遇。

我們大野部隊就這樣不惜代價地硬是一直堅持到現在。

不知何時起，我們的炮兵陣地沉默起來。敵人在隨心所欲地一個勁射擊，與此相反，友軍的炮兵卻不知為何中止了炮擊，所以連我們這些步兵也都氣急敗壞，被炮兵們的不爭氣激怒了，敵彈依舊毫不留情地射來，忽左忽右地大逞淫威，我方的炮兵陣地自不待言，連我們步兵都在經受着這血的洗禮。聽說我方炮兵陣地上被炸死了三十四馬，另外還有許多人被炸死，損失三十四軍馬將對今後的行軍帶來極大的影響，真叫人發愁。

然而友軍的炮兵卻仍在堅持着沉默的不抵抗。

我們議論紛紛："難道炮兵是不懂得氣憤的傻子嗎？"

日子就這樣一天天地過去了。

有小道消息説，炮兵彈藥匱乏。友軍的死傷人員不斷增加。

彈藥！彈藥！——我們都在心裡祈禱着。

輜重兵們現在不運糧草，卻要將死傷人員運載到後方去。成了一介物品的屍體被堆在車上運走，本該運輸殲敵彈藥和延續我們生命的糧草的輜重車，如今卻成了靈車，發出滑稽的碾軋聲在麥田上奔馳而去。

部隊決定在這裡採取防禦之勢。各中隊必須佔領各自準備宿營的村莊。

我們三中隊佔領並據守大隊總部右邊一千多米處的辛莊村。到前天為止這個村一直是友軍佔領的，友軍只一天不在，就立即被敵人佔領，所以又得打仗把它拿下。

我們的野戰炮啞了三天之後，野戰重炮來支援了。"野戰重炮來了！"這個消息傳到耳中，我們都充滿了得救的安心感，心情暢快，就像黑夜過去迎來了天明一般感激不已。

"野戰重炮！野戰重炮！"聽起來多悦耳啊！它會像野獸那樣，像巨大兇猛的野獸那樣大展雄威，一舉掃平敵人的炮兵陣地！

不久，大家期盼的野戰重炮開始咆哮了。敵人很近。

黑乎乎的塵煙在那邊升騰起來。

"噹——噹——噹——"的發射音一過，炮彈立即"嗖——嗖——"地衝破氣流躍過頭頂，不久便"哐——哐——哐——"地在那邊爆炸了。

可是怎麼回事呢？炮彈的着地距離太近了，沒打到敵陣，只不過白白把麥田翻了一下土而已！再怎麼射也是枉然。

我們一看，原來觀測班沒怎麼往前去，好像只在後方觀測，沒有充分檢查彈落情況。

我們分隊遠離中隊，在大隊總部。大隊總部有二中隊在警備，在村莊周圍挖了深深的壕溝。

敵人的炮兵好像在嘲笑我方老也打不準的野戰重炮一樣，將炮彈雨點般準確地發射過來。敵人的做法是對一個村落持續幾分鐘集中射擊，然後再對下一個村莊進行同樣的射擊。所以，當一個村子受到集中射擊時，都能預計到下面該輪到哪個村了。不過雖然能預測到，可我們沒有防空壕，別無他法，只能想開點，對天上掉下來的炮彈束手以待：運氣不好的就死，運氣好的就活，只得聽憑命運之神安排了。一旦想開了，也就輕鬆起來，抽着煙，等待命運之神的裁決。

我分隊的人靠着土牆一邊抽煙一邊曬太陽。近旁邊約一丈高的地上有口井，田中去打水。六七個打水的人剛圍着井喝完水，“哐——”一枚炮彈爆炸了。不知是敵兵發現了他們之後射的，還是碰巧打過來的，打得實在是太準了。儘管是敵人，我們仍不禁為他們的本事讚歎不已。幸好那六七個人喝完水就相繼跑開了，一個也沒死。

“哎呀呀，這真是……”田中帶着僥倖的神色跑了下來，“嚇死我了，”接着，他吐了一口粗氣，“狗敵肯定以為我們都給炸死了吧！畜生！活該！”他惡狠狠地罵道。

我們奉命觀測傳令野戰重炮的着彈點。我從電話旁到二中隊隊長之間每隔十米安排一名分隊員。在我安排人手時，二中隊的士兵們在拼命挖戰壕。他們盡力挖橫洞，以求生命安全。大家都想盡量將身體藏到洞裡，以避炮彈。這種時候，感覺哪怕只往外伸出一條腿，這條腿就會被炮彈奪去。

據說大隊長也待戰壕裡。

是小川中隊長用望遠鏡在最前面觀測的，我分隊執行傳令任務，傳給重炮的觀測班，再傳送到炮手那裡。為甚麼觀測班不上前，用他們的特種望遠鏡觀測呢？我們覺得不可思議。是不是他們害怕炮彈，所以不上前？

我方的炮彈仍舊是盲彈。

"射程延伸一千五百米！目標左側一百五十米，射擊！"

我向下一個傳令兵傳達。落在距我一千五百米地方的炮彈，比黑夜裡亂發一氣還要糟糕。與此相反，敵人的着彈點則準確得讓人佩服。這是因為敵兵早就熟悉了地形，已將準確的測定情況標在他們的地圖上——儘管可以這麼解釋，但打得實在是準確無比，雖然他們是敵

▼ 戰場上的日軍炮兵

人，我們也不得不佩服他們高超的技術。

"射程縮短五百米，往左五十米。"這次過遠了。

"射程縮短兩百米，往右一百米。"

終於打中了。我們在心裡叫好，注視着着彈情況。悅耳的彈鳴聲從我們的頭頂飛過，接着便升起了黑濛濛的硝煙和塵煙。

敵人的炮彈也在尋找我們的炮兵陣地，不斷地死命咆哮着。現在，雙方的炮彈互相衝着對方的陣地咆哮。我們步兵部隊一邊抽着煙，一邊望着彼此的炮擊，每當我方的炮彈命中時，便大聲稱快。

五月二日就這樣在炮擊中進入了黃昏。

五月八日

防禦的那些日子從黎明到日暮，又從日暮到黎明，我們的神經被迫承受着難以忍受的焦躁不安的折磨，已經無法再忍耐下去了。不管進攻是多麼的困難，我們都渴望進攻。在這次戰鬥中我們的部隊至今為止只是一味地在敵人的大部隊之間不斷地前進。就像劈波斬浪前行的船那樣，我們剛推進到一處，敵人立即從背後再次佔領。到目前為止我們付出了極大的犧牲。

轉入防禦大約一週後的某一天下午，部隊下達了命令，要我們聯隊明天早晨迅速撤離此地，轉戰到別處去。

我們即將放棄這塊陣地，再次把它奉送給敵人，我們不知道又要去哪裡。迄今為止，我們費盡心血、付出了極大的犧牲才得到的這塊陣地，又要拱手送給敵人，無論如何都是令人遺憾的。我們不得不提出這樣的疑問：迄今為止的犧牲到底是為了甚麼？說到底難道我們是要逃跑嗎？我們非常憤慨。聽聯隊總部的通訊兵說，這次轉移的決定是經過了激烈的爭論才定下來的。因為他是通訊兵，所以通過電話機聽到了聯隊總部和大隊長之間的爭論。

最初，聯隊的副官少佐通過電話向各個大隊長傳達了聯隊長的轉移命令，但各個大隊長固執己見沒有服從。他們說"這樣做很對不住犧牲了的親密的部下，他們就白死了"。於是這回聯隊長接過了電話，即便如此，大隊長們仍然含糊其辭，還是主張打到底。聯隊長引用了歐洲大戰德軍的例子，說"這不是退卻，而是轉移"。儘管如此，大隊長們仍然不聽命令，急得聯隊長大發脾氣，最後，甚至提出了行使命令權問題，聯隊長說："我是聯隊的最高長官，天皇陛下委以我命令權，如果你們不聽我的命令，我只有辭職，別無他法。"轉移才好不容

▼ 日軍敗退

易被決定下來。聽説這場爭論從早晨八點爭到下午四點。

就連我們普通士兵，也對這次只能看作是退卻的轉移心有不滿。

轉移的時候，我拔出了瀧口光夫的墓牌，燒燬了它。甚麼原因呢？因為我們轉移的同時敵人也許會來把墓牌踩得稀巴爛。

次日凌晨三點，我們在這無人的村莊裡噴射毒瓦斯，也朝井裡投下瓦斯，隱密地開始了行動。

第三大隊留在馬山附近進行警戒。那天我們到達嶧縣，城外有一架墜落的日本飛機，恐怕是被敵人擊落的吧。在嶧縣有幾門口徑二十四厘米的攻城炮，重炮部隊的士兵們正忙着做出發的準備，聽説他們就是用這些攻城炮攻下了吳淞口炮台的。那是一種要用兩輛牽引車牽引的大傢伙。戰車和重炮朝着台兒莊方向激流般湧去。

一旦來到這樣的後方基地，便能切實地感受到戰場緊張慌亂的氣氛。

我們乘上了火車，火車朝着我們來時的鐵路線逆向折回。它將開往何處？關於作戰，我們士兵完全是盲目的，只是被動地被運送到某個地方去戰鬥而已。火車"呼哧呼哧"地加速前進，不知為何我們感到趕得很急。麥田像綠色的大江一樣朝我們身後奔流而去，楊柳和它嫩綠的新芽也一起向我們身後飛馳而去。火車氣哼哼地怒罵着劃過一望無際的大地。湛藍的天空沒有一片雲彩，火熱的太陽射出耀眼的光芒。已經是初夏了。

無論下面等待我們的是怎樣的戰鬥，怎樣的痛苦、行軍和飢餓，我們只要愉快地度過眼前這短暫的安樂時光就心滿意足了。

士兵們在吃苦的時候，一邊説"啊，太辛苦了，苦得要死"，一邊想着悠閒舒適地躺着時的美好時光；飢餓的時候，一邊説着"肚子餓得不得了"，一邊想像着美餐一頓後，滿肚子佳餚美饌的情形。如果很熱，就做正在喝冰啤酒的美夢；如果很冷，就想像一下温暖的春天的太陽。而高興的時候，又唱起歌、聊起天，天真爛漫。

他們直率地表現着喜怒哀樂，毫不掩飾。此時此刻正是士兵們的生命。也許下一個瞬間他們就會喋血而亡。

士兵，可以説是孩子。

即使明天中彈犧牲，今天也要盡情地享受這寶貴的時光。

我們唱歌、談笑、喧鬧。

這列滿載着歌聲的列車，踹着大地，到達了濟寧。

士兵日記和歷史

日記是個人思想和生活的自我記錄，戰爭中的士兵日記也是一樣，只是寫作環境和內容與和平時期大不相同，更多的是記錄戰爭中的人和事。在行軍作戰的空隙中寫下的所見所聞，是對現場的直接記錄，它不是小說，而是個人對歷史的真實記錄。

日本侵華士兵的日記，收藏至今的很多，翻譯成中文的有一些，但並不多。抗戰初期1939年出版編譯過中村義夫《一個日本士兵的陣中日記》，是從擊斃的日本兵身上搜到的。抗戰勝利後的1946年，出版過《敵軍戰場日記》，是據戰場上搜集繳獲來的日軍日記輯錄而成。抗戰勝利六十年之後的2005年。又最新出版了荻島靜夫的日記。

他們都是普通士兵，不涉戰爭謀劃，因此，日記的內容，沒有戰爭秘密，多偏重在日常事務的記錄。這些對日常細節的真實描述，缺少軍事方面的價值，但是作為第一手資料，可以分析當時日本士兵的思想狀態，研究日本的民族性，認識戰時日本人的心態。從大的方面，可作認識那段歷史的一個參照，作為重大歷史事件的一種具體而微的補充。

東史郎應召來華參戰，戰爭初期的幾個重大戰役幾乎都參加了，根據日記，依時間為序，有京津戰役、南京會戰、台兒莊會戰、徐州會戰、武漢會戰。這個時期，日軍處於進攻階段，國民政府軍隊處於退卻防禦階段，日記中所記載的大小戰事都是圍繞上述戰役展開，其中的個人生活實錄，也都發生在這些背景中。

在所有日軍日記中，《東史郎日記》是特殊的，最受世人關注的。其一這是日本戰後首次以真實姓名公開對日軍侵華戰爭的見證，

▲ 年青的東史郎

直接參與南京大屠殺的士兵記錄了事實真相，他的記錄成為揭露和研究南京大屠殺真相最有價值的資料之一。1987年，東史郎將封存四十年的從軍日記公之於眾，後來又整理成書出版。 1993年，書中提及的士兵以"記述不實"控告作者。

其二是作者對罪惡的反省，作者自言："我不想隱瞞自己的罪行和恥辱，我覺得應該將《日記》的內容原封不動地提供給讀者，這本書是作為加害者的我的真實記錄，要讓更多的人知道戰爭的真相。我們憎惡戰爭，極其地憎惡。正因為憎惡，才需要重新知道戰爭的真相，決不能淡化戰爭體驗。每一個士兵的行為都是軍隊決策的產物，真正應該受到指責的是戰爭的決策者。請各位讀者站在自己是被害者的立場上來讀這本真實記錄，追溯體驗戰爭，憎惡戰爭，這就是我的初衷。"

日記具有無可辯駁的真實性，直接揭示歷史真相。對日本侵略的罪責，戰後日本人有很多反思，但也有否認歷史的傾向，如何認識真實的歷史，閱讀日記是一個途徑。

延伸思考（2）

1. 日記是寫給自己看的，自己不會欺騙自己，日記記載的內容是真實的，不會是虛構的。為甚麼東史郎日記關於南京大屠殺的記錄，被指 "失實" 呢？

   _____

   _____

2. 日記中，東史郎從第一次射出子彈，到後來隨意殺人，麻木不仁。有時，東史郎又流露出一些同情心。如何認識這樣的人性？

   _____

   _____

3. 博物館收集反映日本暴行的文物，重視收集日記形式的實物。你覺得是主要出於哪些考慮，日記的最大價值在哪裡？

   _____

   _____

4. 從日記的視角拍攝電影，重現南京大屠殺。你認為這樣通過日記還原歷史，對於認識歷史，反省戰爭，同新編寫劇本有何不同？

_____

_____

▲ 東史郎日記手稿

六、徐州會戰

必須服從命令

五月十八日

按預定計劃應該進攻碭山，突然接到了改變的命令，我們朝徐州進發。奔向徐州！奔向徐州！所有的部隊都以最先到達那兒為目標拼命地前進。如果我們也同樣進攻徐州的話，那麼以最先到達南京中山門為榮的我們，就要再次最先佔領徐州，這使我們鼓起了幹勁，拼命努力。

確實是不分晝夜，沒有休息，只是不停地走呀走。急行軍在持續着，我們也沒有了疲勞和腳痛，像河水一般向前奔去。我無法對付一天要三四十次腹瀉的身體，在路邊上廁所的工夫部隊早就通過了。和我一樣苦於腹瀉的很多士兵，一出隊伍便立刻在路旁蹲下去。

沉默的隊伍從蹲在路邊的我的面前奔流而去。

而我則在排出一點兒腸液後，便不得不匆忙整裝，跑着去追上中隊。

因為全副武裝，上廁所時，解、繫裝束非常花時間，所以我把刺刀以外的其他東西，如雜品袋、水壺、地圖包等東西全部纏在背包上，以便能立刻脫下褲子。行軍途中一感覺到有便意，我就一邊走路一邊解開皮帶、褲子和褲衩的帶子，再離開隊伍。不管是掉隊者還是病人，無論甚麼人都得不到照顧，部隊只是一個勁兒地繼續前進。

終於先頭部隊與敵人遭遇上了。

戰車揚起塵沙飛速前進。和我一起在潞王墳火車站共度數日的中尉和士兵，坐在戰車裡。他們在塵沙之中，"呀——"地高聲叫喊着衝了過去。

我們離開了原來的道路立即展開了戰鬥。眼前是堤壩圍起來的村莊。首先朝着它集中攻打。我率領部下出發去那裡偵察。夕陽掛在村莊的樹梢上。

我們保持着高度的注意和警惕接近了村莊。身體緊貼着土堤偵察情況，但村莊裡毫無動靜，敵人正在撤退。我們向中隊通報了這個情況。

當中隊掃蕩村莊結束的時候，黑暗完全籠罩了我們，敵人逃跑了，但估計逃得不遠，因為這一帶是徐州的周邊陣地。

我們在村頭正對着徐州的方向挖掘散兵壕，進行警戒。

在貨車的那節車廂裡，裝滿了日本戰俘的照片、背包、步槍、擲彈筒、雜品袋及其他的被服、武器等等東西。從俘虜的照片，可以窺探到敵人粗暴的行為；從照片上士兵的臉上，可以看出恥辱和憤怒。

從裝在這節貨車裡的日本兵的裝備，可以推斷出有相當數量的戰友成了俘虜。

我們對敵人的這個不懷好意的禮物很憤慨，踏進了下一節車廂。那節車廂裡充滿哀怨、呻吟和恐懼，那裡滿是敵人的傷兵。

"殺死他們！"不知誰這樣叫道。就像狼咬死小羊羔那樣理所當然，我們根本不顧他們的哀怨、憎恨和詛咒，無情地刺死了他們。現在是形勢緊迫的戰爭時期，我們該做的不是撫摸他們的頭，而是毫不留情地、狠狠地毆打他們的頭，直到他們粉身碎骨。我們只要把憎惡和復仇還給敵人就行了。

傷員的車廂有好幾節，都沒逃脫相同的命運。停車場的掃蕩結束了，我們以為會駐紮，結果卻下達了追擊的命令。期望落空了，疲勞也加劇了，因事出突然，我們全都垂頭喪氣。

可是必須服從命令，我們再次背上了背包。

五月十九日

僅以三小時之差，我們把最先到達徐州的榮耀讓給了第十三師團。

部隊前進了數里，然後又慌慌張張地返回來了。那是一條沿着隴海線通向遠處平漢鐵路的道路。

凌晨三點通過了徐州的市區，入口處有一座高大的鋼骨水泥橋，下弦月在河面上閃閃發光，星星也閃爍着，在皎潔的月光下，視野內的風景非常美麗，是靜謐的、令人陶醉的景致。想像不出不久前這裡還是激烈的戰場，眼前的一個個自然景象沒有留下戰爭的痕跡，而是詩、音樂、光和令人喜悅的大自然，是美術，是繪畫，我們不能不驚訝於這靜與動、靜謐與轟鳴的電影般的變化。

我們進入徐州市內，懂得了人的力量比起大自然是何等地渺小。戰爭沒能改變自然的形態，正因為如此，無論從自然的甚麼地方，都感受不到戰爭。反倒使我們發現了埋藏在心底的對寧靜的渴求和對和平的憧憬，不由得感覺到心中充滿了自然所給與的莫名的幸福。但是這條街道的光景卻讓人清清楚楚地想起戰鬥情景，想起騷亂、激烈、叫喊、怒號和現實的生死搏鬥。

大街上幾乎連一間形狀完整的房屋都沒有，有的房子屋頂被掀飛，有的倒塌了，有的已不成形了。道路上到處都是木片和殘磚碎瓦，四處可見巨大的彈坑，像特寫鏡頭似的大開着，宛如巨人捏緊拳頭砸在了地上。是的，是戰爭這個巨人砸毀了徐州的街道，沒有一石一木可以表明曾經有過的和平和繁榮。在被毀壞的屋簷下，第十三師團的哨兵在月色中站着崗，步槍上的刺刀閃着銀光。

　　月光冷冷地、慘淡地照在廢墟上，和那殘垣斷壁的陰影交相呼應，很是淒涼。寂靜的夜晚，在皎潔的月光下，黑洞洞的炮彈坑、碎瓦殘磚、斷柱殘牆以及裸露的傢具等等，一片狼藉。它們互相糾纏着堆擠在一起，展示出戰鬥過的慘景。和有生命的東西一樣，連物品也返回了野性。混沌的、被破壞了的、荒廢的街道，這就是徐州。

▼ 城市變成廢墟

五月二十日

我們在淒慘的追擊途中,發動了對碭山的進攻。進攻、戰鬥的時候也就是我們休養的時候。為甚麼呢?比起行軍來,我們更喜歡危險的戰鬥。那是因為戰鬥的時候就要停止行軍。

碭山的火車站上,敵人沒來得及開走的火車還在冒着蒸汽,我們用火車頭裡水箱的水裝滿了水壺。以為敵人的主力早已逃走,碭山沒有敵人了,因此,我們的先頭部隊進入了北門,卻剛好與從北門出來的敵軍遭遇。敵我雙方都驚慌失措,後退之後,在這裡展開了你死我活的戰鬥。我方迅速形成了銅牆鐵壁似的包圍圈,敵人狗急跳牆似的拼死抵抗。他們的命運不是被殲滅便是投降。

我們已深入敵陣,因此後退了一些,重新部署好陣容,又發起進攻。我們第三中隊是預備隊,午後,很晚才接到增援的命令。我方已有很多人陸續犧牲了,第三大隊隊長也壯烈犧牲。我軍從北支那彰德出發之際,當官的和士兵穿上了同樣的衣服,使敵兵很難分辨,但是勇敢的第三大隊隊長最終還是戰死了。在南京戰役中,這個大隊長古井少佐曾擔任過聯隊長代理。

敵人的子彈像暴風雨一般傾瀉過來,我們步兵炮的炮身像要裂開似的向城中炮擊,敵兵便用迫擊炮還擊。敵人無路可逃,只能無休止地反擊。

我們沿着田間的小路迅速跑去增援。田野中有一座廟宇,那裡是大隊總部,也是傷員收容所,可是那裡絕不安全。迫擊炮彈在房頂開了花,瓦掉了下來,屋頂也破了。膽小得出了名的軍醫大尉也負傷了,接着僅有的一名軍醫少尉也受了傷,衛生員也只剩下曹長一人了,可是傷員卻不斷增加。我們從廟旁穿過，又鑽進一個小雜木林，到達了前沿陣地，這個雜木林裡有一間簡陋的屋子，裡面也有兩三個傷員在呻吟。

我們到達的前沿陣地是土城牆，敵我雙方像壁虎一樣緊貼着城牆，在城牆的兩邊正盯着尋找對方的疏漏。

中隊長命令我："東分隊從這裡到那裡挖戰壕。"我立刻向六名士兵指示了各自的位置，城牆是由混合的沙和土壘成的，很柔軟，容易挖掘。

挖完了之後，中隊長說："轉移陣地，從那裡到那裡，跟我來。"就開始沿着城牆的斜面走起來。

"轉移甚麼呀……"我心裡邊想邊跟在中隊長的後面。我們又開始挖起來了，挖到一半的時候，中隊長又對我說："喂！真對不住，再次改變地點！辛苦了！"我無言以對，只是"啊"了一聲，我們又向下一個目標走去。

"小心地雷。"中隊長提醒道，我們不知如何是好，戰戰兢兢地挪動腳步。一想到不知甚麼時候可能會踩到地雷，便覺得無從落腳。

沒有受到任何傷害，我們就到了新陣地，挖好了戰壕。我想趁太陽沒落山，一定要給水壺加加熱，用它來代替湯婆子取暖，於是在戰壕底下用攜帶的燃料點了火。腹瀉不止，肚子很涼。我們肚子冰涼是由於白天行軍時非常渴，夜晚一到宿營地就咕咚咕咚地喝了大約一升水，因此睡覺的時候感到非常冷。如果每天晚上不喝一升水的話，白天冒煙兒的咽喉就好不了。

炮聲不久就像是消失了似的漸漸變小了，那是由於我方步兵的炮彈射光了。沒有炮彈，對我們來說是非常悲哀的事情。敵人的迫擊炮彈在得手的慶幸中震顫着，在我們頭頂爆炸，散兵壕中不斷地傳出傷兵的呻吟聲，我們非常渴望得到空軍的援助。哪怕是兩三枚炸彈也好，僅僅是那樣也可以使敵人害怕。

不久，黃昏祥和地籠罩到等待死神降臨的人們頭上。我在戰壕底下盯着漸漸燃燒起來的青白色的火苗，固體油"哧哧"地燃燒着。

城牆內側的敵兵正在幹甚麼呢？四周一片漆黑，我把熱乎乎的水壺緊貼腹部，感覺到肚子微微地暖和起來，眼睛緊張地在黑暗中巡視。

槍聲在黑暗中不時地響起，然後又恢復到令人可怕的寂靜。

從我的位置稍微靠右是沙土城牆的拐角，在那裡其他小隊的隊員像壁虎似的緊貼在城牆上。

從那個方向傳來了一聲槍響，一個戰友倒下了。他想利用身旁那個黑洞洞的槍眼——那是敵兵在城牆上鑿開的槍眼，當他的身體緊貼着那個槍眼的時候，就倒下了。另一個戰友代替他又剛好貼在了那個槍眼上，剎那間也倒下了。誰也沒有發現槍眼的那一邊有敵兵。敵兵在城牆的內側，等待着日本兵靠近，日本兵剛把身體貼在槍眼上，敵兵就立刻把槍口頂住日本兵的身體，日本兵就被打死了。日本兵像是要說"請向我開槍"似的走過去把身體堵在了敵人的槍口上。敵兵是把槍口抵住日本兵的身體射擊的，開槍的時候，沒有光漏出來，所以戰友們不知道子彈是從哪裡飛來的。

衛生員去現場收第二個犧牲者時，槍聲再次響了，當時衛生員在槍眼的內部發現了閃光，知道了敵兵藏身的地點。衛生員死裡逃生，通知了近處的戰友，把敵兵打死，為犧牲的兩個戰友報了仇。

分針轉了一圈，兩圈，夜漸漸深了。

一點兒聲音也沒有，令人恐怖的死一般寂寥的黑夜！

失去了軍醫和衛生員，我們這個無法醫治傷員的部隊，為如何處理陸續出現的傷員感到棘手。

終於傳來了我們部隊決定打開一面城門，讓敵人逃走的消息。不用說，那一定是在敵人撤退的途中，我們某個中隊埋伏在那裡堵截。

由於連日來睡眠不足和過度勞累，我迷迷糊糊地犯起睏來，雖然我清楚地意識到敵兵就在我趴着的城牆的內側，但是幾個小時毫無變化的寂靜，使我不知不覺地打起盹來。

又紅又大的旭日快要從東方升起，天空開始泛出魚肚白。突然，轟隆隆幾聲震耳欲聾的爆炸聲敲打着我的心，震撼着我的身體。我吃驚地睜開眼睛，立刻握緊槍準備戰鬥，就在那一剎那，一個黑色的幽靈像風一樣，從我的身旁掠過。

"啊，支那兵。"

我立刻把槍口對準支那兵的方向，可是已經來不及了，支那兵消失在城牆下的麥浪之中。掃視着小麥的穗尖兒，可是不知道應該朝哪邊射擊，白白地讓敵人逃走了。

到處都發生了同樣的事情。敵兵像被趕入絕境的老鼠似的非常膽大，先扔出手榴彈，趁我們不注意時就逃走了。

我們攀上城牆。哎呀，這是怎麼回事啊！在我們的眼前有一條又深又寬的護城河，在護城河的那一邊，竟然還有一道雄偉的磚造的城牆高高地聳立着。一直以為我們所在的城牆是唯一的一道城牆，原來碭山的城牆有兩重。右邊較遠的地方有一座橋，橋上，分不清是敵軍還是我軍的一群人在東奔西跑。

大概是敵兵吧？如此推測的重機槍兵集中火力猛烈射擊。經過數十分鐘的交戰，佔領了碭山，大部分敵人已於昨夜逃走了。

無人的碭山街道已被炮火摧毀了。在剛進城門的地方，三輛有"尼桑"標誌的汽車被丟棄在那裡，那是日本的貨車。被敵人抓走的汽車司機和司機助手怎麼樣了呢？

我們無論佔領甚麼地方，總是首先尋找糧食。糧食和香煙是我們最喜歡的東西。但是，可能是支那兵把糧

▼ 日軍攻打中國軍隊

食都吃光了吧，這次一無所獲。兩個小時之後，我們就離開了那座被糟蹋得面目全非的城鎮。

真想早點死掉

五月二十九日

商丘（歸德）尚未攻陷，第三十旅團正在對它發起進攻，還聽說明天要用飛機向商丘散發勸降傳單。對我們來說，只有不斷地追擊、追擊，不停地行軍、行軍。

又熱，又痛苦，又艱辛。大森說：「真想早點死掉。」

還有五十里就到鄭州了，最後的五十里卻讓人覺得非常遙遠。

是累死呢，還是中彈犧牲？二者必居其一。田中一天天衰弱下去，只剩下皮包骨，像一個骷髏似的走着。

生病是恥辱的，會遭人蔑視，精神緊張和對身體的細心照顧，在一定程度上可以克服病痛。

但是在長長的骯髒的戰線上，十分小心地避免生病，以便能參加整個戰鬥，這是多麼困難的事啊。

沒被敵彈打死，頑強再頑強地堅持着，結果卻不幸死於疾病，這會招來人們蔑視的目光。事實上並不僅僅是那些被敵彈打死的、負傷的人在戰場上英勇作戰，勇敢地戰鬥而沒被敵彈打死的人也很多。但即使他們比犧牲了的那些人更加奮勇地戰鬥，並且經歷了更為長期的、激烈的戰鬥，倘若他們不幸病死的話，也必定會招來蔑視的目光。而且國家對他們也沒有優待。不過擺在我們面前的只有生和死，而不是甚麼毀譽褒貶的問題，只有一心一意地為祖國去生去死。

但是，這是何等的痛苦啊。

七、黃河決口

六月十四日

由於吃了敗仗的支那兵破壞了黃河的堤防，河水滔滔地淹沒了大片的土地。為了我光榮的第十六師團早日從大水中逃脫出來，增派了大批偵察兵。師團總部設在尉氏城內。

真想吃一把飯團

六月二十七日

每到傍晚，糧食就所剩無幾了。每當旭日東升，我們就出去找糧食。與後方的聯絡完全中斷的時候，一發子彈、一粒大米都不可能送來。我們必須珍惜每一發子彈、每一粒米。香煙也全部抽完了。

太陽像一個大火爐一天又一天地燃燒着，蟬成天重複着單調的合唱。一日三餐水一樣的稀粥在肚裡咕咕作響。董莊村裡有幾個因洪水而避難的男女，他們住在村頭的人家裡，成天小心翼翼，過着提心吊膽的日子。因為收割了小麥，所以我們打麥，去掉麥殼，用石磨磨成麵粉。

隨着持續的飢餓，令人厭惡的情緒開始在分隊裡蔓延開來。自私的本性厚顏無恥地表現了出來，並開始破壞我們之間的和睦氣氛。每個人都暴露出了自己的本性，並且還發現了那些意想不到的性格，使人產生了一種被欺騙了的感覺，即使是那種乍一看上去值得信賴的人，一旦遇到利害關係，也表現出強烈的自私。

因食物的不足暴露了各自的本性，到處充滿了不愉快的氣氛，我們捲入了猜疑、嫉妒、貪慾等等矛盾衝突之中。物資充足的時候，人們心平氣和，從容不迫，能夠笑着面對小小的失敗。然而食物的缺乏造成了人與人之間的不和與爭鬥。比起因其他痛苦而產生的不滿和牢騷來，對食物缺乏的不滿和牢騷更加厲害。即使相當團結的團體，當遇到糧食不足時，也可能變得異常脆弱。在這時，人心就會變得醜陋骯髒，這就是人的獸性的一面。這種時候，即使寬宏大量的人也會變成心胸狹窄的小人物。以我出征以來的經驗而言，這種現象都是極其真實的。

在糧食充足的前些日子，即使説了一些可能使對方生氣的話，大家一笑了之，哼哼歌就過去了。而現在，人們開始用充滿了猜疑和嫉妒的極其敏感的眼光互相審視，從早到晚持續着沉悶厭抑的心情。那些曾經友愛、團結戰鬥的戰友們，現在也由於猜疑、貪慾、自私、不信任，以及因飢餓而被打入餓鬼輪迴般的心情，而變得淺薄不堪。

士兵們一發現一點食物，就像貓叼着魚躲到角落裡那樣，隱藏起來一個人獨自享用。我們到處轉來轉去找食物，旱田裡開始還有土豆種，不過，沒幾天就被吃光了。把南瓜秧弄來煮着吃，但馬上就被各分隊搶光了。很快田地裡沒有一點可吃的東西了。洪水又切斷了我們前後的道路，一連過了好幾天，糧食都沒有送來。

十五六天之後，戰鬥機空運來了一些糧食，雖然只有一點點，但是肚子裡總算填了些米飯。我們開始了行動，進行轉移——説是前進中的後退。

靜寂微暗的夜晚，星星稀疏地閃爍着。沙丘上列隊的我們在黑暗中隨便找條路出發了。為了對敵人隱蔽自己的意圖，這列隊伍悄無聲息地行進着。

　　誰也不出聲，就這樣默默地在不知是前進、後退還是轉移的道路上走着。不久就來到了被洪水淹沒的窪地，高粱穗像水草一樣從水面探出了頭，好像在游泳一般。我們這些士兵是不知要走向哪裡，只是聽從命令而已。中隊蹚過窪地，越過沙丘，穿過樹林，在黑暗中前進。隨着時間的推移，速度加快了，相互間失去了聯繫。小隊與小隊之間、分隊與分隊之間都分散了。我們像被追趕着似的匆匆趕路。左拐右拐，在蹚過窪地的時候，發現前面的隊伍不見了，後面的也沒有跟上來。此刻必須防備敵人的襲擊。師團總部及其他的聯隊早已撤走，而我們第二十聯隊承擔斷後的任務，邊牽制敵人邊後退。

　　敵人知道我們糧食不足、彈藥缺乏，像餓狼似的窮追不捨。我們後退一里，敵人就前進一里，可以說在戰場上後退比前進更困難。

　　士兵與士兵之間的聯繫完全中斷了，中隊長和小隊長也找不到了。我認為照這樣下去可不行，於是召集了分隊隊員，擅自下達了保持聯繫的命令。各個士兵間的距離是七十米，而太長的距離僅靠六名隊員進行聯繫是不夠的，因此我讓他們適當調整好距離。我走在隊伍的最前面，不久我們就來到了一條大河邊。

　　這是一條因黃河決堤而形成的河，走在我前面的士兵在夜色中過了河。渡過河之後，卻不知該向哪個方向前進。不知哪邊是淺灘，但總之必須過河。我靜靜地踏入河中，瀧口的遺骨牢牢地扣緊在我的頭的後部。不能讓遺骨被水弄濕。瀧口雖然死了，但仍在和我共同前進。

混濁的河水又冰又冷，我注意聽流水聲，選擇聲音大的地方走。漆黑的天空，陰暗的河面，冰冷的河水。水漸漸地從腿部漫過腰間直到胸部，我將槍高高舉起，忽左忽右，選擇淺處走。過河之後，眼前是一片樹林，通過一條小道，來到了岔路口。該向哪個方向前進呢？我正這樣想著，突然從黑暗中傳來了低低的說話聲，那是前面的士兵休息完畢後又開始前進了。是右邊，於是我向右拐，沒走多遠，就來到了一個廣場，那裡堆著麥秸。在漫長的路途中第一次發現了休息的地方，我想好好放鬆一下疲憊的身體，於是坐在麥秸上。

雙腿像冰冷的木棒那樣又僵又累，前面的黑夜更深更沉了。一坐下不動，飢餓就突然猛烈撕咬著我的腸胃，真想吃一把飯團。開始佈置聯絡以來，更加操心和勞累。

哪怕多活一天也好

八月八日

火車開到曹老集，曹老集一帶一片汪洋。黃河的水正在到處泛濫，那是非常兇猛的洪水。

許多村莊和樹林幾乎就要被洪水淹沒了。鐵路的左右都是水。水流得很急。上下游水連著天，天連著水。到處都行駛著帆船。奇怪的是，水並不渾而是很清。農民撐著小船或木筏在收割露在水面上的高粱穗。電線杆在水面上也只露個頭。有鐵橋的地方捲著漩渦。就在這可怕的滔滔洪水之中，鐵道筆直地向前延伸，就像天橋立（日本的名景之一）一樣。波浪在鐵道兩側拍打着，湧上來退下去，和海邊沒甚麼兩樣。

我們從貨車的小窗口向外眺望着，似乎覺得火車在海邊行駛。

一個個村莊，如同孤島，在洪水中星羅棋佈。在鐵路附近還沒完全淹沒的村莊裡有農民，他們眷戀着自己出生的土地不忍離去，都待在各家較高的地方，在一個小島上，只有一戶即將倒塌的住房，有頭牛正在嚼着那再也吃不了幾天的雜草。望着遠處的水，我們互相談論道：大概是人來不及逃，就把牠扔下不管了，因為牛的腳步慢，如果是馬的話，或許就被誰騎跑了。

在有牛的小島周圍，到處是水。那頭牛大概吃完草也只有等死了，牠不會想到這是僅剩下的一點草。如果一點點吃，可以多活些日子，哪怕多活一天也好。不過牠也許感到自己很可憐吧！

由於火車行駛的聲音，我聽不到牛的叫聲。如果那頭留在孤島上的孤零零的牛，在夕陽的餘輝中，"哞——"地叫一聲，會令人感到多麼淒慘啊。我一直盯着那牛，直到看不見。

▶ 日軍宣傳單上蔣介石敗得心驚肉跳，跌坐地上，下令槍殺李宗仁、馮玉祥等人。

八月十一日

剛開始行軍，卻大雨滂沱，雨點像瘋了似的"劈裡啪啦"地落在地面上。道路泥濘不堪，車輛的通行相當困難。鞋子深深陷在泥裡。大約不到一分鐘，全身都濕透了，就像背着背包洗了個淋浴一樣，潮濕的軍裝緊黏着骯髒的肌膚。

半路上遇見了第十師團的輜重兵。他們也感到與泥濘的道路奮戰，前進實在困難。大雨中一連串不太高的山岡伸向遠方，我們要越過它們前進。從遠處眺望，這山風景極好，望着這雨水朦朧的景致，就像眺望家鄉的山水一樣。但是對那瀑布似的大雨，又感到難以忍受的憎恨。休息時，不能把背包放在泥濘中。起初只好背着背包站着休息，漸漸地抵擋不住愈來愈厲害的疲勞，只好放下背包坐在爛泥地上。

時而在路邊看到小村莊，但是所有村莊的房屋全被燒燬，一間也不剩，只剩下殘垣斷壁。這種狀況在北支那是未曾見過的。在進攻南京時，所有的村莊都被燒光了，現在我們看到這番情景，不由得感到是來到了中支那。

今天行軍六里。下午一點左右，不知甚麼緣故，淋着雨在不高的小丘上停了三個小時，大概車輛通行有困難吧。雨水浸透了全身，渾身冰涼。

奉命擔任大隊部的衛兵。一到宿舍，立刻就去了已在破房子裡安頓好的隊部。屋裡屋外泥濘不堪，連落腳的地方都沒有。雨總算停了，便在院裡點火烘衣服，用水壺裡的水做醬湯，燒飯，吃飯。因為太餓了，所以覺得特別香。月亮浮現在雨後的清澄夜空，又大又圓。月亮旁邊有一顆特別明亮的星。

我盡情地呼吸，空氣清新、純潔而令人感到舒適，這是我此時的感受。不知不覺忘記了疲勞，有一種脫胎換骨的感覺，多麼美而寧靜的夜晚啊。坐在低矮的破棕床上，邊烘烤衣服邊抽煙。身體的疲倦隨着香煙的煙霧消失了。

無論在甚麼場合，只要一回到宿舍，渾身就輕鬆下來。

八月十四日

上午六點半出發。行程三里半。來到定遠縣永康鎮。

在這個地處不高的小村莊裡，有一所建有望樓的房子。

在它的二樓上散亂着許多書，有英語、化學、幾何、代數、物理等。這裡也許曾住着中學老師或是學生吧！晚飯後，在草叢裡練唱了軍歌，剛從內地來的土本少尉唱起了如今內地流行的《日之丸進行曲》。

"姐姐即將出嫁的嫁妝櫃，含着母親幾多激動感慨。"他把這句反覆唱了好幾遍。我是第一次從他這兒聽到《日之丸進行曲》，我感到有點兒生氣，並瞧不起。這是一首有些俗氣，而且流傳在街頭的毫無價值的抒情歌。這種廉價的抒情歌曲，能讓人感受到戰爭嗎？這是令人感傷的戰爭觀，在這首歌裡既沒有國民的戰鬥氣魄，也感受不到勇往直前的戰時意識。

戰爭不是夢，是現實。不是浪漫，而是劇烈的鬥爭。我蔑視這位正洋洋得意唱着那種歌的土本少尉。

我聽到新兵在吟詩，吟誦得相當好，一片鏗鏘有力的吟詩聲融入傍晚的草叢中，我真想聽它好多遍。

八月二十三日

無聊得難受。整整一天時間都躺在木板上描繪着自己的將來。像這樣毫無意義地度過珍貴的一天又一天，真是太可惜了。當我想到今天這一天在一生中將不再來時，就感到不是滋味。如果有書看的話，我就會覺得今天一天是有意義的。人無論讀點甚麼書，總會有提高。離開了讀書，就意味着停滯不前或是退步。

忽然我被一種衝動所驅趕，想寫點甚麼，我拿起筆，想專心寫下去。但是最近我的頭腦中沒有產生任何思想和感觸。近來我的腦子在睡大覺。

來到戰場上，整整一年就要過去了。在這期間好像完全與鉛字隔絕了。寫信時，不起眼的漢字也會忘掉。我寄出的信中大概有不少錯別字吧！看信的人肯定會想：唉呀！東史郎怎麼這麼不識字啊？今天我從雜誌上挑出了漢字，做成字典。並為自己有那麼多不認識的漢字而寒心，真是寒心極了。

八月二十五日

最先離開朱家灣。上午七點出發。這是連微風都感受不到的炎熱天氣。強行軍加劇了疲勞。夜晚很熱，再加上蚊蟲叮咬，睡不着覺，已筋疲力盡。道路極不好走，又沒有水，只好用塘裡的泥水做飯。一件不幸但值得感佩的事發生了。

一個叫山中的新兵，在急行軍中，從正在泥濘道路上艱難行駛的輜重車輛間穿行，由於當時太疲勞了，他的腳步一踉蹌，把作為軍人靈魂的槍支碰在車上撞斷了。他望着已斷成兩截的槍，深感到自己沒有盡到責任，並想以死謝罪，決心在下一次戰鬥中毅然獻身。他戰勝了疲勞和口渴，拼命地走。僅憑着對自己的自責努力地走，最後終於倒下了，倒下時已經斷氣了。山中這位新兵最後死了，他一直走到死為止。這是多麼悲壯的精神啊，直走到死要比中敵彈死難得多！

如果沒有非同尋常的忍耐力和堅強的意志，是絕對做不到的。

換上普通人，說不定在倒下之前還會發出喊叫聲。他的死當然被列為戰死。

槍——肯定是物質性的，但是對於軍人來說，它是精神性的。山中是日本軍人。

我被他的可貴精神深深打動。

他的屍體被火化，聖火映照着夜空，他那頑強的精神又一次在我們的腦海中復蘇。凌晨三點，大隊長特地趕來，在聖火面前脫帽，稱讚了他的可貴行為。

▼ 行進中的日軍

這是多麼窩囊啊！

九月五日

最近士兵們的情緒變得虛無起來。自打入濟寧以來，士兵們失去了緊張和熱情。隨着戰爭的延長，空虛、憂鬱、破罐子破摔的情緒，漸漸有所抬頭。沒有任何希望，沒有光明，沒有積極性，沒有活力的空虛的思想，每天在侵蝕着戰士們的心，並且戰友之間各自為政，築起沒有和睦、沒有友愛的城牆，用生硬的、冷嘲熱諷、帶刺兒的話互相反駁着，好像根本就不在意誰要說甚麼，或者誰要做甚麼。這種氣氛在人們的心裡紮下了根。常常為雞毛蒜皮的小事展開舌戰，發生衝突。

在過去緊張的歲月裡，大家曾是一個互助友愛的集體，而如今每人都暴露出各自的個性，年齡差異滋生的隔閡的心在互相撕咬。

在這種陰鬱無味的頹廢、厭倦、焦躁、不和的低氣壓中生活，是很不愉快、非常痛苦的。在我們的心中，已經沒有新鮮感了，感覺都遲鈍了。我已經感覺不到那種戰場上應該置之度外的人生意義及種種真理。儘管我曾經努力想從一枚炮彈的彈穴中尋求出點甚麼。

隨着戰爭——殺人、放火、將市鎮夷為廢墟的戰爭的持續，與其說是對戰場的感覺已經遲鈍，不如說是已司空見慣，對戰場上所有事情已不再感到稀奇了。

九月十三日

終於開戰了，再次戰爭的刺鼻火藥味，通過鼻、眼、耳，甚至皮膚滲透到每個人的心裡。從這十副擔架上，就能看出戰鬥中所有的殘忍、悲慘和苦惱。葉家集充滿了緊張、慌亂、緊迫的氣氛。無數輛卡車揚起塵土不斷地行駛着。運送彈藥的輜重車，不斷趕往步兵部隊所在的火線。到處是馬嘶聲和馬蹄聲。兵站的士兵忙着燒燬房子趕造廣場，用來堆彈藥，堆糧食。鐵鍬發出響聲，到處都是破碎的瓦片和磚塊。煙霧彌漫，還能看到纏着帶有新鮮血跡的代用繃帶的步兵。這兒是兵站戰場。

轟炸機發出隆隆的轟鳴聲，成編隊地展開銀翅，向大別山脈飛去。大別山脈傲然地屹立在眼前。昨天還聽得到的激烈的炮聲，今天卻聽不見了。是不是轉成追擊戰了？

狹窄道路兩側的所有髒屋裡，擠滿了傷病員。用傢具和破麻稈壘成的牆，到處撒着剩飯和泥土。地上鋪着麻稈，傷員纏着滲血的繃帶，有趴在那兒的，有仰臉躺在那兒的，有橫臥着的，也有死盯着一個地方看的。那麼多傷病員睡在那裡，就像往筐裡倒進了一堆蘿蔔一樣。白繃帶上灰塵和蒼蠅在飛舞，在這極不清潔的環境和刺鼻的惡臭當中，傷兵就像螃蟹似的，一動不動。他們大概在靜靜地懷念着甚麼，思考着甚麼吧。

通過這次痛苦的負傷，他們正在思念着家鄉的父母和孩子吧！大家的臉色都是土黃色，毫無生氣，像秋天的枯葉那樣乾癟、枯萎，唯獨眼睛在閃閃發光，那表情就像中了邪似的。

路兩旁無論哪所房子裡，都擠滿了這樣的傷兵。另外，路邊橫臥着極度疲勞的步兵，就像倒斃一樣。他們背着背包，像個泥人似的，與其說是穿着軍裝，還不如說是披在身上，就像是死在路上的餓殍。他們的樣子顯得非常疲勞。看樣子你如果要跟他們說話，他們要麼恨不得上來亂罵你一頓或是咬你一口，要麼根本不睬你。

他們僅僅因為太疲勞。

九月十六日

我的頭腦是麻木了嗎？最近，甚麼思想也沒有了，即便看到淒慘的屍體，也無任何感覺了，沒有任何感傷，既不認為人生短暫，也不認為諸行無常，根本就不深思，只是無動於衷地觀望這荒涼的戰爭遺跡。對這令人觸景生情的秋天的山和風，我也只是知道景色很美，僅僅感到已經完全是秋天了，栗子長得快要能吃了。我們到處進行了搜索，沒有找到一點糧食，一個老百姓也沒有。豬發出淒涼的叫聲，到處亂竄。池塘裡有幾十隻鴨子在游，被風一吹，就像棉團一樣。我們迅速地拿起木棒追豬，逮鴨子。好久也沒有吃魚了，於是把池塘水抽乾，扔手榴彈捕魚。

九月二十七日

啊！有條河！我們高度警覺地來到了河灘。

腳下的石子骨碌骨碌地滾動着。我們停下來環視着周圍，這時，感到河那邊發出了悄悄的咳嗽聲。

"也許潛藏着敵人吧？"

"去偵察吧！"

留下藏田和大森，小隊長和我貓着腰，如同鼻涕蟲一樣，盡量靜悄悄地往前走，就像不會動一樣，砍過的高粱地裡又長出來的短苗兒絆手絆腳，發出"叭喳叭喳"的短促而低沉的摩擦聲。箍在身上的皮革製品當貓腰時也會"吱吱呀呀"地響個不停。剛前進了十四五米，忽然從草叢中飛出了小鳥，大概牠剛才還正把頭深深地偎在草叢裡做着美夢吧！這小鳥起飛的聲音，使我們立刻神經緊張起來，突然停止前進，側耳傾聽有甚麼動靜。又恢復了原有的寂靜，感覺不到任何聲音。我感到耳朵中聽到的"嘶——"的聲音似乎就是宇宙的聲音。我們繼續向前走，發出"喀嚓喀嚓"的輕微腳步聲。

眼睛和耳朵一起在高度緊張，而且，一有甚麼奇怪的現象，這兩個觸角便比電光還快地接收並迅速傳至神經，立刻對緊握在手中的槍桿發出戰鬥命令。這種由感知到命令的過程時而發生。

"很像演習吧！"小隊長小聲嘀咕道，真的有那種感覺。

"好像沒有敵人嘛！"我回答小隊長說。

"繼續前進！"

感覺又向前走了不少，還是沒有任何的變化。距離下士哨的位置已經前進了兩三百米了吧？

就在我們這樣前進的過程中，開始感到自己就像是偵探小說中的主人公一樣，有一種充滿刺激饒有興趣的心情。的確，這種危險的、富於冒險的刺激以及解決錯綜複雜疑團的興趣，使我的好奇心得到滿足。

由於沒發現任何變化，我們"嗖"地站起來向河灘方向走了兩三步。這時，發現十米左右的前方，站着兩個黑色的人影。是人！是甚麼人呢？

我慌忙扯了一下小隊長的上衣。

"甚麼？甚麼？甚麼？"小隊長壓低聲音，急忙挪過身來。

"這前面的黑影子像是敵人。"我小聲說道，但是小隊長好像搞不明方向。

"哪兒？哪兒？"小隊長急忙問，急得連話都說不完整了。

我們迅速趴下，兩個奇怪的黑影子走得很快，像蟑螂一樣。

"嗯，俘虜他們嗎？上！"小隊長悄聲說着，正要前進。

"稍等一下，必須先告訴大森和藏田。"我建議說。

"是嗎？"

我趕緊向草叢中爬去告訴他們："有敵人，要小心！"

"啊！"大森緊張而簡短地回答。

"是……是……"藏田磕磕巴巴地答應道。

我帶着他們又回到了小隊長的身邊。

我們焦急地爬着，向目標逼近。敵人大概也察覺到了，以退讓的態度遠遠地離開我們。我們極其緊張，集中全身精力盡量不漏看或漏聽一點細微的變化。我們只有一個擔心：如果捱了手榴彈就完了。

隨着我們的步步逼近，敵人在靜悄悄地後退。我們停，敵人也停。不知為甚麼，我們似乎感到被人算計。感到在這個黑影的背後，好像敵人的部隊正悄悄地等着我們。我們不安起來，微微的恐懼感掠過心頭。黑暗遮擋了我們的視野，狀況不明把我們拖進恐懼的深淵。而且，敵人絲毫不想逃走，我進他退，我停他也停。他們的行動像在暗示着甚麼。這更加令我們不安。無論在甚麼狀況下，黑暗總是讓人不放心的，記得幼兒時感到不安就會本能地抓住母親的乳房。

僅僅四名偵察兵，和部隊又隔得那麼遠，夜色如墨，地勢不明，再面對不可捉摸的敵人，孤獨感、困窘的緊張感，岩石般的沉默淹沒了我們，怎麼能不恐懼呢？

可是我們仍然步步向目標逼近。這是職責和任務令我們前進的。這時，感到右後方有吵鬧的聲音。半夜裡，為甚麼會這麼吵鬧？是誰來了？不！是誰潛到我們身邊來了？

我把眼前這個施展計謀的黑影和吵鬧的聲音結合起來考慮，愈發感到疑惑。我懷疑是不是我們被包圍了。

我們四人的眼睛被這眼前的黑影，耳朵被右後方的聲音吸引住了，更加感到不安。沒有動靜時，反而會更加恐懼。

"也許我們被包圍了！"我説。

這句話緊扣每人的心弦，我們一下子恐慌起來。不知是誰，拼命地掉頭就跑。既沒有秩序，也不統一行動了，各自任意地跑着，發出了腳步聲，就像惡魔追過來似的，再也沒有靜謐和隱蔽了，我們陷入了恐懼之中，不顧一切地逃跑了。

這是多麼窩囊啊！

恐懼是隨跑而產生的，而跑這一動作，可以淡化我們與敵人的距離感，使我們感到安全，恢復平靜。我們後退到認為完全安全的地方，緊靠那裡有一個下士哨所。

"小隊長閣下，實在……"我心中有一種近乎自嘲的難為情的感覺。

"可是，聽後邊的聲音的確像是有很多人，我確實感到被包圍似的。僅我們四人的話，是很危險的。"小隊長答道。

"真可怕。"藏田和大森小聲嘟囔着。

可是，那天夜晚沒有發生任何異常現象。

不久，天亮了。

八、武漢會戰

九月三十日

渡過架在清澈河水上的浮橋，抵達六安。六安城是
李宗仁擔任漢口防衛前線總指揮時待過的地方。

幸好患的是瘧疾！

中午，來到了空無一人的山中小鎮——霍山。老百
姓不知逃到哪兒去了，沒發現一個人。到底是建在山間
小鎮的房子，使用木材得天獨厚，所有的房子都用了不
少木材，很少使用支那特有的磚瓦。我的分隊走進了一
個商店，這可能是一個曾陳列過各種各樣商品的大商
店。接到了命令，夜裡十點發起進攻。由於是夜間進
攻，之前還有足夠的時間，所以我和兩三個戰友一道去
河裡洗衣服。山澗的風景和日本的一樣美，水很清澈，
可看見小魚從一個石影游向另一個石影。溫暖的太陽照
着我們赤裸的脊背，清涼的流水為我們沖洗着疲乏的雙
腳。洗了頭，洗了臉，全身所有的污垢都洗掉了，在水
裡戲耍，一絲不掛地躺在沙子上，接受太陽的照射，享
受着沒有戰爭、和平安定的喜悅的生命時刻。只有這一
刻沒有任何憂慮，沒有任何不安，保持了完全美好的心
境。這是在一切都殘酷的戰場上難得的珍貴的東西。暖
洋洋的太陽引起我的睡意，我不知不覺地在沙地上睡着
了。大概過了兩三個小時，猛地睜開眼，慌忙回到宿
舍，有點輕微感冒的感覺。我後悔了，雖說是在溫暖的
中午，但不該泡在冷氣逼人的山間溪流裡，更不該睡

着。身體有點倦怠，感到有點發燒。不一會兒，有點怕冷，瑟瑟發抖，傍晚，身體倦怠得連動的力氣都沒有，頭痛得像捆了打似的。我把一塊寬一尺五左右的厚門板架在兩張桌子上，我睡在門板上一動都不動。

晚飯也不想吃了。戰友們為了準備出發，在忙着甚麼。我全身皮膚都熱乎乎的，一會兒惡寒，一會兒感到熱。五臟六腑都在作祟，連開口講話都嫌煩。真難受！但是比疾病的痛苦更加折磨我的是內心的痛苦。心靈和疾病的痛苦，都在我體內捲起漩渦。

內心的痛苦，是我想從恥辱中擺脫出來。我昨天、前天，不！直到今天，直到我來到這裡的不久前還是相當健康、精神的，可是偏偏在馬上就要進入敵陣的這一瞬間，突然身體動不起來了。由於這病來得太突然，我擔心戰友們會感到疑惑。小隊長和戰友們有可能會懷疑我是不是在裝病。他們也許會說："東這小子，利用裝病逃避戰鬥。"裝病脫逃是卑怯的行為。我在戰場上還從來沒有當過膽小鬼，一直是勇敢地作戰，按說戰友們也都會承認我這一點的。所以我在捫心自問：他們未必會認為我現在的痛苦是裝病吧？我的身體像是被吸在門板上，一種深深沉下去的感覺愈來愈重。真是不可思議，蓋了幾條毛毯還感到冷。小隊長尖利得要死的聲音，對士兵的各種提醒，我聽起來都很刺耳。小隊長的挖苦、嘲笑的尖聲，讓我感到這是想讓我聽到才說的。我哭了，憾恨令我心痛，我恨透了這莫名其妙的疾病。

"敵人看來很頑強呀！"

"因為是夜襲，如果不注意，真的會被當成敵人噢！"

"胸前的白帶是標記，大家都要注意啊！"

戰友們相互的談話，折磨着我的心。

對於知恥的士兵來說，再沒有比在戰場上被看成是膽小鬼更痛苦的事了。

要是被人那樣誤解的話，真不如死掉。

誰都不想死，但是更不願意被認為是懦弱者。既不想死，又不甘當懦夫——這難道是矛盾的嗎？

既然真正勇敢，按理就必須把死亡置之度外。但是一個活生生的人，真的能做到無視生命嗎？而且是任何時候、任何場合都沒有絲毫恐怖和躊躇？

倘若真有這種情況，那麼這種人在當時的狀態下，是受到了異常心理的控制。

想活，這種慾望對於生物來說，是強烈的本能。

被這種本能所控制是再痛苦不過的了。

不久，出發的時刻來到了，戰友們輕裝在路上集合。我蒙着毛毯睡着，一直很難受，連"讓你們受累了"這句話都沒説。我連抬頭、説話都覺得厭煩。

門外響起了小隊長低而嚴肅的聲音："前後要很好地保持聯繫！另外，絕不可以講話，當然香煙也不許抽！分隊長要掌握好自己的隊員！"然後就是士兵報數。

"開步——走！"又是小隊長的聲音。軍靴的腳步聲漸漸遠去了。我哆哆嗦嗦地還是抖個不停，有一種內臟破碎的感覺。過一會兒，胸部發悶，有要嘔吐的苗頭。儘管痛苦，我忍受着，但終於要忍受不住了，我陷入了絕望之中。

我會不會患上了可怕的霍亂？

霍亂，就是在嘔吐的痛苦過程中死亡的。

嘔吐——這是霍亂的特點。

患了霍亂，是絕對沒有得救的希望的。

我感到我的壽命已經是屈指可數，不會活多久了。

當我想到死亡已經臨近時，我又受不了了。病死！死得毫無價值！我無法忍受。

我想中敵彈而死！

我究竟吃了甚麼呢？按說我沒吃甚麼可疑的東西呀！六安！霍亂街六安！在那裡吃的全是和戰友們一樣的食物，食具也在小棚子洗過的。和戰友們分別後，沒再吃過甚麼特別的食品，要說特別的食品，就是木之下太郎送的羊羹和壓縮餅乾，僅此而已，可是……

我支起難受的身子，跟跟蹌蹌地走到門外。

腸胃裡的所有食物，全都吐了出來。

當胃裡的酸液湧出，刺激到嘴裡時，一種不安感襲上心頭：霍亂！霍亂！死亡！白死！白死！

嘔吐是霍亂的特有症狀。

這裡除了傷員、病號這些殘弱者之外，沒有一個支那的老百姓。寂寞和死一般寂靜的黃昏又悄然降臨到空蕩蕩的街上。

手錶上的秒針就像在為我數着生命剩下的有限時間一樣，"嘀嗒嘀嗒"地走着，死亡的不安在撕咬着我的心。

這是難以忍受的絕望！這是決沒有救的霍亂！

我難受地扭動着身體。

在這一尺五寸寬的門板上躺着我的肉體，我的肉體以及載着肉體的門板，會一如原樣地抬到墓地，這塊門板就是我的棺木。

啊！怎麼辦？怎麼辦啊？

不過無法可想，無法可想！像一塊巨石壓在心頭，想逃也逃不掉。

我的心在掙扎！掙扎！

頭痛得像要裂開一樣，內臟痙攣得厲害。接着渾身

的水分都排到體外，血也好像被抽掉了似的。好意保護
了我肉體的軍裝，好像活物一樣，似乎因為我穿破了
它，它便立誓要報復我的肉體似的，不斷地吸乾我身體
的水分。鹹鹹的汗水，使軍裝濕漉漉的，就像穿着軍裝
淋了個澡似的。不久，身體漸漸輕鬆了，產生出一種爽
快的感覺，有些舒服了。此時我似乎從黑暗中又看到了
光明。恢復的生機在胸中澎湃着，痛苦也消失了。這段
過程極短，簡直就不能令人相信。我起身來到門外，到
那支着雨篷的屋後找火。士兵們正圍着火堆在閒聊，我
脫下了汗水濕透的軍裝，放在火上烘烤，這時我才知道
是得了瘧疾這種病。

圍在火邊的士兵告訴我，先是嚴重的惡寒、發抖和
頭痛，而且這時間一過，就會奇跡般地恢復。這種狀態
有固定的時間，週期性發作，這種病就是瘧疾。我患的
病不是霍亂，而是瘧疾。

我總算放心了，並非常感激。幸好患的是瘧疾！

懺悔的東史郎

"我寫的和說的都是事實，法庭為甚麼要判我敗訴？以敗訴來結束人生，我不服。"東史郎在生命就要走進終點時，仍這樣喃喃自語。這是人性覺醒的一個日本老兵的困惑。

1937年8月，二十五歲的東史郎應召入伍，參加侵華戰爭，曾參加攻佔天津、上海、南京、徐州、武漢、襄東等戰役，1939年9月因病回日本，1944年3月再次應召進入中國參戰，1945年8月，他在上海向中國軍隊投降，1946年回到日本。東史郎有記日記的習慣，侵華期間，把自己的見聞記錄下來，有五本三十七萬字。

東史郎痛感戰後日本對蒙受原子彈的危害大聲呼號，而對加害在中國人民身上的痛苦卻沉默不語，1987年，也就是南京大屠殺四十年之後，第一次將從軍日記公之於眾，並節選部分出版。他在日記中記錄了日軍侵華暴行，特別是在南京實施的大屠殺，是親歷者的實錄。東史郎稱："德國人拉貝的日記是救濟中國難民的愛的日記；日本人東史郎的日記是製造難民的加害日記。東史郎或許永遠都會被中國人所憎恨，但我相信澄清事實真相，並深刻反省，是日中友好的基礎，這就是我公開日記的原因。"

戰地日記公開後，東史郎得到日本正義人士的支援，但因講出侵略真相，不斷遭到日本右翼分子的威脅恐嚇，罵他是"叛徒"、"賣國賊"、"舊軍人的恥辱"、"褻瀆了英靈"、"罪該萬死"等。1993年東史郎被日本右翼勢力告上法庭，東京地方法院經過三年的審理，於1996年判決東史郎敗訴，並認定《東史郎日記》中的有關"水塘"、"郵袋"、"手榴彈"等記述為"虛構"。1998年日本東京高等法院二審作出東史郎敗訴的判決。2000年日本最高法院再次判定東史郎敗訴。

▲ 晚年的東史郎在南京大屠殺紀念館前，展示的旗子上滿是簽名，是當初鄉親鄰里簽名送別東史郎出征。

　　2006年1月3日，東史郎離世。

　　日本社會如何看待曾經參加戰爭，而今開始懺悔的士兵呢？通過法律判決來否定暴行，否定歷史，否定南京大屠殺，無法真正去反思罪惡，無法杜絕罪惡的根源，無法締造和平友好的基礎。歷史並不虛無，東史郎去了，日記還在，它記載的是歷史事實，確實發生過。

延伸思考（3）

1. 日記中身處戰場的日本士兵，面對食物的不足，表現為一種自私狹隘，東史郎把它歸結為 "人的本性的流露"，人的本性果真如此嗎？

2. 日本一些學者和政客僅因兩顆原子彈就認為日本是受害者，但從日記可看出，日軍曾在中國燒殺搶掠，無惡不作。作為中國人，你如何看待美國的這兩顆原子彈？他們是正義之彈嗎？

3. 對比德國和日本政府對過去戰爭的態度及影響，你怎樣看待日本修改歷史教科書和日本首相參拜靖國神社等行為？

4. 東史郎在日記中說：能無視生命，把死亡置之度外的勇敢者，其實是在當時的狀態下，受到了異常心理的控制。你認同這個觀點嗎？為甚麼？

商務印書館 📖 讀者回饋咭

請詳細填寫下列各項資料，傳真至 2565 1113，以便寄上本館門市優惠券，憑券前往商務印書館本港各大門市購書，可獲折扣優惠。

所購本館出版之書籍：＿＿＿＿＿＿＿＿＿＿＿＿＿＿＿＿＿＿＿＿＿＿＿＿＿

購書地點：＿＿＿＿＿＿＿＿＿＿＿＿＿ 姓名：＿＿＿＿＿＿＿＿＿＿＿＿＿

通訊地址：＿＿＿＿＿＿＿＿＿＿＿＿＿＿＿＿＿＿＿＿＿＿＿＿＿＿＿＿＿＿

電話：＿＿＿＿＿＿＿＿＿＿＿＿＿＿＿ 傳真：＿＿＿＿＿＿＿＿＿＿＿＿＿

電郵：＿＿＿＿＿＿＿＿＿＿＿＿＿＿＿＿＿＿＿＿＿＿＿＿＿＿＿＿＿＿＿＿

您是否想透過電郵或傳真收到商務新書資訊？ 1□是 2□否

性別：1□男 2□女

出生年份：＿＿＿＿＿＿＿年

學歷：1□小學或以下 2□中學 3□預科 4□大專 5□研究院

每月家庭總收入：1□HK$6,000以下 2□HK$6,000-9,999
　　　　　　　　3□HK$10,000-14,999 4□HK$15,000-24,999
　　　　　　　　5□HK$25,000-34,999 6□HK$35,000或以上

子女人數（只適用於有子女人士） 1□1-2個 2□3-4個 3□5個以上

子女年齡（可多於一個選擇） 1□12歲以下 2□12-17歲 3□18歲以上

職業：1□僱主 2□經理級 3□專業人士 4□白領 5□藍領 6□教師 7□學生
　　　8□主婦 9□其他

最常前往的書店：＿＿＿＿＿＿＿＿＿＿＿＿＿＿＿＿＿＿＿＿＿＿＿＿＿＿＿

每月往書店次數：1□1次或以下 2□2-4次 3□5-7次 4□8次或以上

每月購書量：1□1本或以下 2□2-4本 3□5-7本 4□8本或以上

每月購書消費：1□HK$50以下 2□HK$50-199 3□HK$200-499 4□HK$500-999
　　　　　　　5□HK$1,000或以上

您從哪裏得知本書：1□書店 2□報章或雜誌廣告 3□電台 4□電視 5□書評/書介
　　　　　　　　　6□親友介紹 7□商務文化網站 8□其他(請註明：＿＿＿＿＿＿＿＿)

您對本書內容的意見：＿＿＿＿＿＿＿＿＿＿＿＿＿＿＿＿＿＿＿＿＿＿＿＿＿
＿＿＿＿＿＿＿＿＿＿＿＿＿＿＿＿＿＿＿＿＿＿＿＿＿＿＿＿＿＿＿＿＿＿＿

您有否進行過網上購書？ 1□有 2□否

您有否瀏覽過商務出版網(網址：http://www.commercialpress.com.hk)？1□有 2□否

您希望本公司能加強出版的書籍：1□辭書 2□外語書籍 3□文學/語言 4□歷史文化
　　5□自然科學 6□社會科學 7□醫學衛生 8□財經書籍 9□管理書籍
　　10□兒童書籍 11□流行書 12□其他(請註明：＿＿＿＿＿＿＿＿＿＿)

根據個人資料「私隱」條例，讀者有權查閱及更改其個人資料。讀者如須查閱或更改其個人資料，請來函本館，信封上請註明「讀者回饋咭-更改個人資料」

香港筲箕灣
耀興道 3 號
東滙廣場 8 樓
商務印書館（香港）有限公司
顧客服務部收